CERDDI CWRS Y BYD

Wynne Ellis

Cyhoeddiadau Barddas

Argraffiad Cyntaf: 2000

ISBN 1 900437 40 6

Y mae Cyhoeddiadau Barddas yn gweithio gyda chefnogaeth ariannol Cyngor Celfyddydau Cymru, a chyhoeddwyd y gyfrol hon gyda chymorth y Cyngor.

Cyhoeddwyd gan Gyhoeddiadau Barddas
Argraffwyd yng Nghymru gan Wasg Dinefwr, Llandybïe

Cyflwynedig

i

chi'ch dau!

Cynnwys

TALWRN Y BEIRDD

Y Babell Lên

Mae gormod o fois yr undeb
  Yn Strade'r Babell Lên
Sy'n credu nad yw barddoni
  Ond chwarae a bod yn glên.

Jam

(gweler *Llenyddiaeth Gymraeg 1902-1936* Bobi Jones)

Pe cawn fy hun yfory
   Yn llencyn bochgoch teg,
A'r wledd yn ailymrithio
   O flaen fy marus geg,
Ni fynnwn gan y duwiau
   Yn swper gyda'r nos
Ond jam yr hen frechdanau
   A brofais yn y Rhos.

Dwy dafell dew a menyn
   A'r ddawn i'w treulio'n llwyr
Heb orfod ceisio cymryd
   Tabledi gyda'r hwyr,
I ddod â'r cyffro hwnnw
   A geir y nosau hyn,
Na ŵyr y byd amdano,
   Wrth ddatod rhwymau tynn.

Ond ofer ydyw disgwyl
   Y gwleddoedd hyn yn ôl,
A rhaid bodloni bellach
   Ar farjarîn a dôl;
A gweddi'r bardd rhwymedig
   Yw cymorth cwmni'r saint
I gnoi y crystyn olaf
   Heb farmalêd na daint.

Portread o Feirniad Llên

(wedi ailddarllen *Llenyddiaeth Gymraeg 1902-1936* Bobi Jones)

Heddiw darllenais ysgrif
  Y beirniad odia rioed,
Na welais ei rhyfeddach
  Gan ddysgwr hyd yn oed.

I fyny Allt y Gwter
  I'r ddinas ar y bryn,
Yr aeth fel un o'r doethion
  Ar gefn ei geffyl gwyn;
Ac yn ei ben roedd syniad
  A hwnnw'n redi-mêd
Fod bardd y gwyn Sabathau
  Yn wan ei grefft a'i gred.

Ac yno bu yn dadlau
  A thaeru yn ddiflino
  Yn gryf ei gred
  Mai lemonêd
Anfeddwol oedd ei win o;
  A daliai'n hy
  Fod Barti Ddu
Yn dod yn syth o'r *Beano*.

Roedd tyrfa fawr yn aros
  Amdano ar y Groes:
Hen lowyr yn ei regi,
  Eu cŵn yn codi'u coes.

Fe'i gwnaed fel darn o focs o
'I gorun at ei socs o,
    A dŵr a baw
    A blew ail-law
A gaed i wneud ei locs o.

I lawr hen Allt y Gwter
    Y ffodd y beirniad crand,
A dyna'r olwg ola
    A ges o'r dyn un band.

Ond o'r Eglwyseg heno
    Daeth awel fain fel ffliwt
A thybiais fod y prydydd
    Yn ôl ar stepiau'r Stiwt
Yn diolch i'w Greawdwr
    Mewn mwyn acenion swil
Ei fod o trwy drugaredd
    Heb wawdio Fflach ei Wil.

R.I.P.

(R.W.P.)

Y mae un math o fardd, yn ôl y sôn,
   Na lwyddodd odid unwaith yn y dasg
(Bardd mochaidd fyddai'r enw arno ym Môn)
   O lunio pill i'r *Llenor* neu i'r wasg,
Na fyddai naw neu ddeg o gardiau post,
   Fel haid o ysguthanod ar ei ôl,
A'i hawddgar gymar beniog rifai'r gost
   Mewn stampiau ceniog am ei ffwdan ffôl.
Gymysgwr ansoddeiriau a phobydd clên!
   Sut bu na ddysgaist gan yr hon a'th ddug,
Na wnei ond deffro hiraeth beirniad llên
   Am anfarwoldeb yn dy frwyn a'th rug?
Cans anhreuliedig drwy y cread drud
Yw popeth ddaw o'r popty cyn ei bryd.

Rhwdlian drwy Wydrau Lledrith

A'r gŵr hwn –
Fu o'r groth,
Wastad, ymhob ystum,
Gwisg ac osgo,
Yn dangos yn ddi-os, ddi-au
I bawb, o leia o bobl y byd,
Ei fod ef ei hun
O'r farn ei fod
Nid yn unig yn hollol anfarwol ond yn fod
Hefyd o ordinhad dwyfol –

Sut felly y bu, o bawb,
Iddo fo, lwyddo i'w iselhau ei hun
Yn nydd yr anghenfil milain,
I alw un o'i gyfrolau
Yn einioes ar ei hanner?

Siarad Plaenach

Os yw y bardd
Eisiau byw
I weld, i ganu, a rhoi ei farc
Ar fachlud y ganrif hon
Oni ddylai y boi o hil y Banc
Geisio defnyddio llai o gynganeddion
Llusg a Sain Gadwynog llac?

Fe â'r rhain, wir, yn fwrn oherwydd
Does dim, yn amlach na dim, ond un
Neu ddwy o gytseiniaid ar y mwyaf
Ac odlau gwyredig ddigon,
Fel llinyn neu gortyn gwan,
Am haidd ysgubau'r meddwl.

Os felly y bu ei hil ar y Banc,
O fywyd i fywyd yn tyfu ŷd
A rhwymo'r gwair, ar y marw gwyn,
Does ryfedd erbyn heddiw
Mai Saeson piau etifeddiaeth Siôn Onwy.

Cân neu Ddwy

Mi wellaf at y diwedd –
   Mae'r gyfrol hon yn faith;
Ac fe ddaw steil a harddwch
   O hyn i ben y daith;
Ond, wir, mae'n anodd llunio dim
Â'r doniau prin a roddwyd im.

Mi wellaf at y diwedd –
   Ni ellir dal ymlaen
I sôn am Siân o Salem
   Mor farwaidd a di-raen;
Ac anodd, siawns, fydd bod yn gas
At lyfr sy'n enwog am ei ras.

Ni wellodd cyn y diwedd;
   Yn wir, aeth pethau'n waeth
'Rôl sôn am ddail a choeden
   A rhyw hen gi a aeth;
A dyna pam na throf fyth mwy
At gân neu ddwy, at gân neu ddwy.

Cân Galetach

Ganwaith? Ni allaf ddweud y clywais i,
  Wrth sathru yn ddi-hid hyd lwybrau'r wlad,
Na hyd yn oed, yn nyddiau prin Gee Gee
  Pan oedd ffraethineb Cymru'n fwyaf rhad,
Neb a ddywedodd y tu ôl i'th gefn
  Dy fod ti'n ddigri. Nac mewn traethiad hardd
Fawr neb yn dal dy fod, rhaid dweud drachefn,
  Yng ngwir drafnidiaeth geiriau'n fawr o fardd.
Ond nawr rhaid tynnu cap i siaced fraith
  Y gŵr sy'n joeo jôc ac sydd 'run pryd
Yn glamp o fardd. Yn wir, yn wir, mae'r ffaith
  Fod dy lyfr diweddaraf drwyddo i gyd
Yn gyfrol o gerddi, i'w weld yn blaen
Ymhob sill o'r clawr a'r dudalen flaen.

Fel Hyn y Mae Hi – 1

Pigion y Dydd yn Eisteddfod Y Rhyl

"Beth yw neges dy gerdd?" meddai'r dyn ar y sgrîn,
Wrth y bardd dan ei goron o arian prin.

Dduw Mawr! Nid yw bardd sy'n gwybod y gost
Yn Y Rhyl i anfon rhyw gardiau post.

* * *

Bi Es i

Wel, hogie bach, on' tydi hi yn arw
Mai'r fuwch sy'n wallgo – ddim y tarw?

* * *

Cân neu Ddwy

Falle –
Ond dim mwy.

Chwarae Plant

"Wyt ti mewn am y Gadair a'r Goron 'ma leni?"
Meddai ffrind wrtho i ddoe â'i lygaid o'n fain.

"Na, na," meddwn wrtho, "dw i'n llawer rhy fisi
Wrthi'n barddoni i godlo 'da'r rhain."

* * *

Pe Bawn i

Pe bawn i yn artist ni thynnwn lun
Fel hwnnw'n y llyfr o Benrhyn Llŷn.

Eirlysiau yn Aberdaron

Pan own i'n fardd rhamantus
  Mi welwn wrth fy nôr
Glystyrau o eirlysiau
  Fel tonnau gwyllt y môr,
'Oll yn eu gynnau gwynion
  Ac ar eu newydd wedd
Yn debig idd eu Harglwydd
  Yn dod i'r lan o'r bedd.'

Ond nawr rwy'n hen a pharchus
  Gwelaf nad yw y rhain,
Er edrych fel eirlysiau,
  Yn ddim ond cachu brain.

Clefyd y Gwair

Dyfod pan ddêl y blodau
   A'r gwair i glawdd a chae –
Y gwyllt anghynnes beswch,
   A'r hen lifeiriol wae
A ddaw am fod y dwymyn
   A'r ffroenau wedi cau.

Ond pan fo blodau'r gwyddfid
   Yn dechrau colli'u lliw,
A chlychau clych yr eos
   Yn fud heb siw na miw,
Ni fydd y gwae na'r dwymyn
   Yn ddim ond blydi ffliw.

Mae Theomemphus yn Hŷn

Brysia, fy mab,

gyda'r poteli llaeth
yn oriau glas y dydd,
a dangosaf iti resymau dy genhedlu,
a gwreiddiau dy wreiddiau drud
yn erwau hen y fro;

dangosaf iti'r Gelli Aur
lle twyllwyd bardd rhamantaidd
gan gydiad dwylo
dau gorrach hoyw'n
sedrigeiddio'u ffordd i'r cwrdd
heb drywsus;

dangosaf iti'r llecyn fry ar lethrau'r Barli Bil
ar bwys y llwybr i'r ficerdy llon,
lle'r âi dy chwaer â mwyar ar ei min
beunydd, beunos,
pan oedd y dail yn dew,
a'r cnau yn grwn ar esgair lefn John Bifan,
i sibrwd "Trais"! drwy fisoedd hir
yr ha hirfelyn hwnnw;

dangosaf iti sgidiau trymion dy dad-cu
wyneb i waered
ar eu ffordd o'r ffwrnais neu o'r Ysgol Sul,
yng Nghefen Llan
a chloddiau Rhyd-y-fro,
yn pystylad y tir
rhwng sgidie bach sidêt
rhyw Anti Rhywun o Landeilo;

dangosaf iti'r gamfa bren yng Nghilybebyll
lle'r â'i mam-gu
i oedi'n geg-agored wedi'r oedfa
a'r llwynog c'lwyddog o weinidog slei,
o gylch ei gwddf,
yn adrodd wrthi'r naw gorchymyn
cyn rhoi un iddi
o'i fintys poeth;

dangosaf iti y tŷ lle gwelwyd Cynan;

dangosaf iti lle bu farw'r hanner bardd,
ar enedigaeth es-pedwar-ec.

Brysia, fy mab,

yn llaw dy dad,
a dangosaf iti'r diolch
sydd yn llygaid t'wyll dy fam,
ond brysia
cyn i'w gŵr hi ddod yn ôl,
i hedd ei aelwyd,
o'r drws nesa neu o draws y ffordd
lle bu yntau'n hala llaeth.

Hen Lwynog

Ganwaith wrth giât y fynwent, mwy neu lai,
   Lle'r oedd eglwysi'r llethrau'n llenwi 'nghlyw
Â'u hen lesmeiriol garol am y clai,
   Roedd sôn o hyd am farw'n fodd i fyw.
Minnau, bererin pererinion llon,
   Ag untroed oediog beunydd yn y bedd,
A hiraeth hiraeth yn ysgafnu 'mron,
   Ddiweddais lawer cyfaill llwyd ei wedd,
Ddihangodd yn ddi-feind o'r rhyfel byd,
   Gan ddod yn ôl i'w gartref cyn ei dro,
Er mwyn i mi gael llunio englyn drud,
   Neu soned dwt fel hon i'w gofio fo.
Cans gan yr hon a'm dug y dysgais wers:
Nid yw y bywyd hwn ond siwrnai hers.

Myfyrdod

Rhowch i mi forthwyl a chŷn,
Morthwyl a chŷn, rwy'n mofyn i mi,
A lle i anghofio nad ydwyf ond dyn
Wrth lenwi a dramio a phwtio am ffi.

Ymhell o stŵr hen glychau'r Sul,
Clychau'r Sul â'u cnul fel cnec,
Yn edliw llithrigrwydd y llwybyr cul
I un gaiff ei nefoedd trwy slafio mewn slec.

Lle na ddaw Cymru a'i chur,
Cymru a'i chur a'i gwewyr a'i gwawd,
Na dim ond y niwmo caled a sur
I dagu'r ysgyfaint a churio, cnocio'r cnawd.

Rhyw le go lew ar y talcen glo,
Talcen glo a hollto'n hardd,
Lle caf anghofio holl bwyll y Cymro,
Penyd artistiaid y pennau, poen anesgorol pob bardd.

Ysgyrion Gair

"Mae *o* i fod yn fardd on' tydi?"
Meddai fy nheirblwydd innau'n dal ei dedi
Yn dynn o dan ei gesail
Bob yn ela ac yn ail
A darllen glosau un o benillion y Gododdin a
Chwibanu un o alawon llai poblogaidd Palestrina.*

Yr *o* oedd yr *o* o Fangor. Hogyn tlws.
Homo poeticus
Os bu un rioed ac yn fawr ei frol,
O leia ymhlith ei ffrindiau ym mhrynhawnol hedd y Col-
Eg ar y bryn, sef yw hynny
Athenae Cambrensis – Bycl'ins Cymru.

"Wel, ydi! Mae o, i fod, rhen ddyn,"
(Hyn, i chi ddallt, yn ateb i gwestiwn llinell un)
Cytunais gan ddodi uchenait fawr ac och
Wrth i'r wen** ddiflannu oddi ar y goch
I'w bedd petryal
A gada'l
Y binc a'r ddu i'r bychan
I'w claddu â choes chwith ei degan.

"Gogi! Wmgawa!" ebychodd yntau,
Sef o'i gyfieithu i iaith Bangor, Blaenau
Neu hyd yn oed i Gymraeg, am wn i
"Lle felly mae'i blydi cerddi?"

* Er mwyn geirwiredd dichon y dylid nodi mai un o alawon Gluck ac nid Palestrina a chwibanid ond bod hyn yn peri anhawster nid bychan gyda'r rhythm.

** Efallai y dylid esbonio i'r anghyfarwydd mai cyfeiriad sydd yma at yr hen gelfyddyd Indo-Ewropeaidd o drin peli lliw neu snwcer yn ôl y cyfryngau – a hyd yn oed S4C – ac mai stryffaglu yr oeddwn am ongl gyfleus. Ac odl.

Fforcen

Heddiw, cyn i fwg indigo yr amlosgfa
Droi asur glas yr awyr
Yn lasach glas na'r graith
Baentiwyd gan Velázquez y glo
Ar dalcen cynfas Wncwl Albert,
Daeth atom –
Hen fforcen Anti Nel.

Echnos, yn ei phiner lliw eithin ac anthraseit,
Wnïwyd gan fysedd cyfarwydd â thorri menyn a thaenu glo,
Â'r fforcen hon
A chystrawen y gwres,
Byddai hi, Renoir Cwm,
Yn pwyntilio tudalen wen y bara
Yn gerdd gromatig:
Brown, gwinau, melynddu,
Ambr llafariaid y bywyn
A du cytseiniaid y crwst.

Fory, wedi crasiad arall,
Bydd y fforcen hon yn rhydu'n goch
Yn stiwdio'r cof
A bydd Picasso trydan
Yn ciwbeiddio'r bara at ein byw glas,
Yma, ar fformeica'r Clawdd.

O! sic gloria transit mundi!

O fforcen Nel!

Ffish

Ffi
ffai
ffo
ffym!

Clywaf ffish
mewn ffat
a ffwrdd
â mi ar ffo
'nôl i'm gorffennol ffôl
am ffîd
o ffish
tjips
a phys
o ffwrn
yr hen Bob Ffwrch
ffeind
ar gornel ein ffordd
hanner ffordd
rhwng ffin
y Rhos a Phonciau
ffel

O! di-ffael
am ffaith
i fysedd di-fforc
ffurf
pob tjipsen ffeind,
a phwt o ffish
mewn ffedog ffwr,
yn lân a phur
ar daflod a phoer.

A phwy a ŵyr
pan ffy
hyn o gnawd i ffwrdd,
o ffafr
Awdur ein ffydd,
a hoffai ei hun
unigedd eigion a physg,
na chaf
yn ei ffald
silff fach
o ŵydd seraffim,
neu gornel saff
a hawl
i ffîd
o tjips a phys
a phalff iach
o ffish
i'w sglaffio wedyn
hyd dragwyddoldeb Ffawd
ei hun.

Uffer dân!

Mwynhau'r Pethau efo Euros

Gwae
        gadael Llangywair
oedd â myrdd
                    a mwy
o liwiau
              yn nhonnau y llyn
nag o blwyfolion
              yn ei llan
a symud i Wrecsam
       ddiramant.

Ond er nad oedd
yn y dre
              un dim
mewn tai braf
o sment
              a brics
i enfysu
              ei gynfasau
nag i liwio
    ei awen
unig
    o leia
roedd i'r bardd
              yr O.B.E.
a brain
            lle bu tinbrenni.

Beth yw Ploden?

(hanner ugeined)

Plymiodd ploden heno
o blygion bligau
hen ddelwen ddeiliog
ar ddarn o risial alian
cyn fflio ag o'n ôl
acw yn ei phlig i'w nyth.
Am mai fely y mae ef i'w weled
yn nelwen hen ei awen yn pluo ei nyth
ai ploden hefyd yw plydydd
y Bala a Bolas?

(Gw. *Taliesin* Hydlef 1986 – tudalen 50)

Fel Hyn y Mae Hi – 2

Catráeth

Gwŷr aeth Gatráeth oedd ffraeth eu llu,
Eu gwragedd ar ôl yn y tŷ.

* * *

Rhwng Crio a Chrio

(i Nesta)

A'th gyfrol yn fy nwylo
   Eisteddais wrth y tân
Ond syrthiais i i huno
   Cyn darllen dim ond cân.

Deffroais mewn eiliade
   Â'm dagrau'n llifo'n fwy –
Yr oeddwn yn fy hunlle
   Yn gorfod darllen dwy.

Rhwng Chwerthin a Chwerthin

(oddi wrth Nesta – ar ôl iddi ennill Gwobr y Celfyddydau)

Efallai iti grio
  Uwchben fy ngherddi ffôl,
Ond chwerthin wnaf i heno
  Bob cam i'r banc a 'nôl.

*   *   *

Yng Nghynhebrwng Cymydog

Mae'n biti ei fod o
  'Di marw, myn Duw,
I ni gael y pleser
  O'i losgi o'n fyw.

Guto Benchwiban

Guto Benchwiban o Dyddyn-yr-Anian
A Gwenno o Dyddyn-y-ffos
A aeth yn ddirgel
I westy bach tawel
I dreulio rhyw awr gyda'r nos –
Guto Benchwiban o Dyddyn-yr-Anian
A Gwenno o Dyddyn-y-ffos.

Cael cinio mawr blasus a phwdin bach melys
A photel o win ar ei ôl
Cyn wincio'n ddig'wilydd
Y naill ar ei gilydd
A sibrwd hen eiriau bach ffôl;
Yna aeth Gwenno i fyny i glwydo
A Guto yn syth ar ei hôl.

A noson i'w chofio oedd honno i Guto
A Gwenno ei eneth fach dlos;
Ond yna'n anorfod
A'r ddau bron â darfod
A'u chwerthin yn llenwi y nos
Daeth Mrs Benchwiban â'i gwedd fel y daran
A'i thwrne o ardal y Rhos.

Chwerthin a thuchan wnaeth Guto Benchwiban
Ac edrych i fyny yn ffôl,
A gwingo fel slywen
Wnaeth Gwenno, ei gywen,
A llithro o gysgod ei gôl;
Ond llyfu ei wefle a wnaeth yr hen dwrne
A chwerthin i'r banc ac yn ôl.

Cans achos i'w gofio oedd hwnnw am Guto
I'r twrne o ardal y Rhos
Gan lenwi ei boced
O'r twyll ac o'r hoced;
Ac yna mor sobor â sant,
Fe fachodd y cyfle i newid yr enwe
A llunio telyneg i'r plant.

Anfon Nico

Nico annwyl, ei di drostai
   Ar neges fach yn hogyn clên?
Ei di draw i Faes y Steddfod,
   Ei di i setlo'r Babell Lên?
Bûm yn ame a drwgdybio
   Bod rhyw bryfed yn y caws,
Diawcs, ond aeth hi dros ben llestri
   Yn y lle ar ddechre Awst!

Sut yr wyt ti'n mynd i'w nabod
   Wedi cyrredd yno'n iach?
Chwilia'r pebyll am y babell
   Sydd yn swnio fel tŷ bach:
Lle mae'r werin ffraeth, gyffredin
   Wrthi'n rhowlio yn ddi-chwaeth,
Lle mae safon ei phrydyddion
   Wedi mynd o ddrwg i waeth.

Lle tatŵiodd bardd byrfyfyr
   Un o enwe tlysa Môn –
Hyn sy'n brifo – mewn *byrfoddau* –
   Ar ei – wel – gwell peidio sôn.
Dywad wrth yr un sy'n sefyll
   Yn fy sandals yn fy lle,
Y down i yn ôl pe medrwn
   Er mwyn dangos be 'di be.

Achos doedd hi ddim fel yna
   Pan own i yn fyw ac iach,
Ac ni chafwyd testun englyn
   Oedd mor llipa ac mor fach.

Cans fe wnes un rheol sanctaidd
   Oedd mor glir â'r 'a, b, c',
Mai yr unig Wili welid
   Ydoedd Gwili heb ei 'g'.

Ond mi wn mai ofer pledio
   Oddi wrth dy winc a'th wên:
Pa ddiawl gwirion ffeiriai Uffern
   Am bleserau'r Babell Lên?

Yn y Fawnog Gynt, Llanwrin

Di, brydydd mwyn fy nyfroedd glas,
  Fu'n sibrwd wrthyf i'n ddi-daw,
Ymgomio gyda 'nhonnau bas,
  A holi f'ychen ar bob llaw,
Dywed, lle cest ti'r ddawn sy ddrud
I siarad efo'r rhain i gyd?

Ni wn lle cefais, Ddyfi hen,
  Yn Ynys Las ar noswyl ha,
Y ddawn i gyfoethogi'n llên
  Drwy sgwrsio efo dŵr a da;
Ond cefais ddawn fwy drud na hon –
I wneud i eiriau siarad – bron.

Oblegid ein Plant

Gwranda'r lembo wyneb galed,
Be 'di hwn dw i'n glywed
Gan dy fam,
Dy fod ti'n meddwl 'mod i'n gwneud giâm
Ohonot yn fy ngherddi
Hynod o boblogaidd i?

Nid gwneud hwyl am dy ben,
Siawns, yw anfarwoli â'm hawen
Dy athroniaeth iach, ddiniwed
A'r dywed –
Iadau gwreiddiol hynny
Sydd eisoes wedi 'ngwneud i'n rhan o fytholeg Cymru –
Bardd y Blaena a'r Manod,
Gari Williams Cerdd Dafod,
Ac yn ôl gŵr Anti Jên,
Aled Jones, ein lleferydd a'n llên.

Wedi'r cyfan
Does gen i fawr o ddawn fy hunan,
Ar wahân i'm gallu
Anhygoel o ffantastig i odli
Yn eithriadol o slic
(O'm cymharu â Deric
O leia) a rhyw duedd,
Dim ond tuedd,
Fach ddiniwed weithiau,
Dim ond weithiau,
I ailadrodd geiriau –
Geiriau a phethau felly.

A chofia, mae'n hollol
Angenrheidiol
'Mod i'n dal ymlaen i sgwennu'r fath lol
Fel yr wyt ti, yn dy ddiffyg chwaeth,
Yn galw 'marddoniaeth,

Neu allen ni fyth fforddio ca'l plant a ie'nctid
Ardal Bangor i gyd
(Ar wahân i rai Maes Geirchen,
Wrth gwrs) yma dan ein haden
Amser parti i fwyta teisenna,
I sglaffio brechdana
A joio jeli;
Heb sôn am brynu peli
O bob lliw i ti
Gael eu symud ar eu dirgel ffyrdd
Hyd y gwyrdd.
A beth am y blydi crwbanod,
Cwningod, pysgod a phob math o bethau od-
Ledig
Tebyg
Dw i'n gorfod 'u magu
Mewn gardd a thŷ
I borthi f'awen dymhorol,
Ddosbarth canol?

Felly waeth gen i
Os wyt ti
Yn credu ei fod yn annheg
Fod pawb yn y coleg
Yn cael hwyl dy fod ti,
Wrth dynnu at dy ddau ddeg tri

A hanner ffordd at ennill dy ddigrî
Yn dal i sôn
Am aligators ar draethau Môn
Ac am y lorideinogogisor
Sy'n casglu sbwriel bob dydd Iau ym Mangor.

Dos di ymlaen efo'r llythyr 'ma at Sant-
A. Waeth gair rwan na chant.

Rhaid i mi gael deunydd
Syfrdanol o newydd
I lunio dwy gyfrol arall cyn te.

Gwyn Thomas Rules, O.K.?

Dei Gratia

(Baled y Chwannen Ungoes)

Er mai
        llethrau merch
a'i mannau cudd yn nyddiau'r cŵn
oedd y fan
            imi ddoe a finnau'n
mwynhau llam a naid
hyd dewfrig goedwig cedor
rwy'n rhoi O! Dduw
                    rwan air o ddiolch
i Ti
  fod i mi,
            Amen,
drwy dy ras
le
  o leia

i ddiweddu heddiw
fy oes fer,
a hedd di-naid,
dy wladwriaeth les
yng nghesail neu fogail
rhyw hen, hen fardd.

Hiraeth

Gwedwch fawrion byd yr awan,
O ba beth y gwnaed un Alan,
A pha ddonie a roed ynddi
Nad yw byth yn gallu tewi?

Y mae awan ein Harchdderwydd,
Meirion hoff, hoff gyfell Dafydd,
Fel hen drên sy'n tynnu'n galad
Ond sy byth, er hyn, yn dŵad.

Awan fain yw awan Donal,
Awan fud gadd Robat Pwal,
Ond i Alan fe roed iddo
Awan ddwbwl fel 'i fol o.

Awan fawr fu hon o'r dechra,
Llawn fel afon hyd yr eitha,
Ac fe chwyddodd nes bod heno
Bron mor fawr â maint 'i ben o.

Derfydd awan Bobi – weithia,
Derfydd Elwyn bron cyn dechra
Ond er unweth addo peidio
Y mae Alan wrthi eto.

Hiraeth, hiraeth ddaw rhyw ddiwrnod
Pan roir Alan yn 'i feddrod,
Ond 'mhen tridie mae o'n credu
Y daw'n ôl – a dal i ganu.

Y Bodau Rhyfedd

A minnau'n blentyn pumlwydd
'Mhlith teios llwyd y Rhos
Fe welais ddyn yn cerdded
Heb batj ar din 'i glos.

Ymhen rhyw deirblwydd wedyn
Bu farw'r bardd di-nam
A rhoed ei gorff a'i ddillad
I enau glân y fflam.

Rhyfedd na chofiaf heddiw
Un gerdd na baled dlos –
Dim byd ond dyn yn cerdded
Heb batj ar din 'i glos.

Cam

Ni ches i gam! Ond er chwysu gwaed
Ni ches i, chwaith, gymaint
Â choes chwith giami
O'r Gadair i gadw
Na dim o'r aur da a'r clod
Mawr a roed i'r clown
A'r pethau bychain, llai eu maint
Na'r pethau bach a enillai i mi,
Tawn i, y Steddfod ddisafon honno,
Wedi mynd i mewn.

Mynnaf am hynny
Mai teg fyddai rhan o'r arian fel rhodd
Neu anrheg fach am fustachu,
A daliaf y dylid,
Yn fy ngŵydd, o leiaf, fy ngalw
Yn Brifardd Di-wobr hefyd.

Yn wir, yn wir, fe hoffwn weld
Y Steddfod ei hun yn dod un dydd
Yn fwy tebyg, am wn i,
I fywyd heb gam i neb,
Ac yn gân i gyd.
Achos os oes ysgol, dyweder, neu goleg,
Neu hyd yn oed y Ne ei hun
A'u dorau ar glo, mae o hyd i ŵr ar glem
Ddôr agored
I mewn i'r mans.

Dagrau Cenedl

Wedi darllen heno
Drwy y geiriau a dorrwyd ar gerrig
O Fôn i Fynwy
A rhestr ddiddiwedd rhinweddau
Y gwŷr dewr yn y gro dwfn,
Rwyf i o'r farn,
Mai'r unig obaith i Gymru yw i ni geibio'r
Beddau o Gleddau i Glwyd
Am y rhai meirw hyn
A rhoddi y beirdd byw
Yn y llwch
          yn eu lle.

Der
neu
Gwrtharwraddoliaeth

Fy arwr yn nhîm Bangor ydoedd Der,
y beirniad Methodistaidd mwya cain
a greodd Duw erioed yng Nghefn-bryn-brain
a sboner Jên Blaind Dêt – roedd hynny'n her.
Fe aeth i Aberystwyth yn ei dro
yn Athro a Phrifathro a lle'r oedd
yn fowliwr off-sbin. O! a bardd, o oedd!

Es inne yn ddiaddysg i'r pwll glo.

Ces i fy iorcs ac ynte'i blastig teis.

Er hyn, mi fynnaf i gael dweud fy rhan –

ni allaf oddef ei sonedau sleis,

Na'r arfaeth ddwyfol sy'n eu torri lan.

Gwell gennyf i eu cael i gyd 'run seis.

Byddent o leiaf felly'n rhan o'r Plan.

Fel Hyn y Mae Hi – 3

Cwm Pennant

Pam, Arglwydd, y gwnaethost Gwm Pennant mor hardd
Ac awen hen brydydd mor fyr?

*   *   *

Ysgoldy Rhad

Addysgfa rad fy mebyd
  Lle dysgid imi gynt
Hen gerddi ieithoedd marw
  Homer a Virgil gynt.

A dyna pam mae'n sicir
  Ar lan Iorddonen hen
Rwy'n odli'n nychlyd
  Ac yn methu cael fy llinellau i ben.

*   *   *

Lim

Fe gredai bardd o Gwm Pen Anner
Fod limrigau yn rhy hir o'r han . . .

Haicw

Diawl mae'n anodd llun
Io pennill o ddim ond un
Deg saith sill yn un

* * *

Fidio Nasti

'Nôl y bardd o'r Rhyd-ddu dylid geni dyn
Yn hen, a'i iengeiddio wrth fynd yn hŷn;

Ai gladdu'n faban ar ben ei daith
Â llonder sych yn lle tristwch llaith;

Nawr mae'n hawdd: 'nôl – ymlaen, cyflym-ara,
Efo'r peiriant fidio diweddara.

* * *

Rhaid i Feirdd

O'r diwedd 'rôl gadael y coleg
   Does ganddo fo ddim gwell i'w 'neud
Na myfyrio ar adfail estheteg
   A deud wrth feirdd eraill be i ddeud.

Ond sinco siafft ffres anystywallt
   Fu tynged pob bardd trwy y byd –
Ni ellir cael glo o bwll Gwenallt,
   Na phaent o focs Euros o hyd.

Ymson Angel

Mi fûm yn bwrw tymor
  Yn poeni am stad dyn,
A'r modd y mae o'n ffitio
  I mewn i'r ffrâm a'r llun.

Yn wir, yn wir, mae'n hysbys –
  Wel, ydy ar fy myw –
Y lluniwyd dyn yn wreiddiol
  Ar lun a delw Duw.

Ond onid ydyw hefyd
  Yn bechadurus swp,
Ac, os wynebir ffeithiau,
  Yn farwol ac yn dwp?

A chan nad ydyw'r rheini'n
  Cydweddu, rhaid yw dod
I'r penderfyniad syml
  Nad ydyw dyn yn bod.

Dwy Gân Bortmantô

Breuddwyd Bobi

Cân Fa**wr**

C A W R

Hunllef Bobi

Cân Fa**ch**

C Â C H

DEUOLIAETHAU

Bachgen Bach o Ryd-ddu

Ni welai'r prydydd bach mohono fo,
  Wrth udo am buteindra dwl y Drefn.
Roedd mwy o fywyd ym meddrodau'r fro,
  Nag mewn rhyw garidým o'r strydoedd cefn
Yn ceisio ffoi am byth o'i ffwdan ffôl,
  Trwy gymryd gosteg chwyrn o waith y tân
Gan eistedd yno'n dawel ar ei stôl
  A thorri'i galon am ryw ferch fach lân.
Ond mae rhyw ysfa yn ei swp o gnawd,
  Sy'n gwneuthur y pŵr-dab yn fath o her,
Er nad oes dim gogoniant yn y brawd;
  Dim byd ond cariad gyda'i wer-an-ter –
Coesau fel pibau a dwy fraich fel brwyn;
Pen fel taten, a hanner llath o drwyn.

Cwningod

Dwy gwningen fechan mewn llwyn dan y ne
Rhwng y Rhos a'r Ponciau heb na bw na be;

Un dan belydrau y lleuad fach lawn
Yn bwhwman am wacter Athrawiaeth yr Iawn;

A'r llall wrthi'n gwrando mewn cilcyn o'r maes
A'i phawen yn sownd mewn llysnafedd llaes.

Dwy gwningen fechan yn ffoi o'u ffwdan ffôl
Am fod rhyw hen filgi di-ddim ar eu hôl;

A Deio diarcholl â'i chwiban a'i gri
Wrthi yn hysio ac annog y ci,

Gan chwifio ei freichiau fel gŵr hanner pan
Neu sgotwr hunllefus o gyrraedd y lan.

Un gwningen fechan ar y borfa drachefn
Fel hen garidým o bentre y Cefn:

Heb ddim o'r llall dan chwerthinog nen
Ond asgwrn ac asgwrn a chynffon wen.

Yn wir, nid oes sôn bod Crist wedi dweud
'Ystyriwch gwningod' – ond wele fi'n gwneud.

Y Bardd Un-dyn

I fyny Allt yr Wyddfa
   A heibio i'r moelni hen,
Ha! Dyma'r bardd yn dyfod
   A'i ddychymyg o yn drên.

O gylch ei ben mae cerddi
   Yn fflachio un ac un
Am hoywi ac iengeiddio
   Bob dydd wrth dyfu'n hŷn;
A'r cerddi eraill hynny
   Am fynd ar ambell drip
Heb ddim ond cymorth pensil
   Ac odlau talcen slip.

I fyny Allt yr Wyddfa
   Mae'n dod yn ôl i'w fro –
A ninnau blant y pentref
   Bron iawn mor dal â fo –
At fawnog a'i chlogwyni
   A'i llwyd foncyffion brau,
Amlinell dwy hen chwarel,
   A'r rheini wedi cau.

Ond nid oes neb yn disgwyl
   Amdano yn y fan
Ond poblach a gwehilion
   A dau hen Gadi Ffan.

Chwarelwyr ar eu gliniau
   Yn mynd ymlaen â'u smôc;
Hynafgwr mewn sachliain
   Fydd farw toc o strôc.

Lleianod ar eu gwregys
   Yn cario Crist ar groes,
A'r haid fegerllyd honno
   A fegiai'n ddrwg ei moes;
Ciwed y Dre gymysglyd
   Na hoffai liw eu crwyn,
Ac yntau'n brysio heibio
   Gan afael yn ei drwyn.

Heibio i Afon Gwyrfai
   Ac ysgol tŷ ei dad
A'r fan lle gwelsai adyn
   Yn rhwyfo yn ei fad;
Y cerddi'n dal i seinio
   Fel clychau yn ei ben
Am ferch yn Rio'n magu
   Llygoden Ffreinig wen.

Nid wyf yn cofio'r cyfan
   O'r hyn a ganodd chwaith –
Roedd yno newydd seiniau
   A phob rhyw newydd iaith:
Am Dic o Aberdaron
   A'i gathod hyd y lle
A'r dyn a ddaeth i wylo
   Bob cam o Santa Fe.

Heibio i brop a pholyn
   Mae'r gŵr yn mynd o'i go
A phlant Rhyd-ddu yn edrych
   Yn dalog drosto fo.

Roedd dafad fawr yn aros
   Amdano yn Rhos Boeth
Er nad oedd dim ohoni
   Ar ôl ond sgerbwd noeth;
Asgwrn ac asgwrn wedyn
   A'r rheini'n esgyrn mud
Yn gwenu ar ddinodedd
   Y byd sy'n gam i gyd.

Heibio i Lyn y Gadair
   Mae'n dringo'n ysgafn-goes
Yn ôl i Dŷ yr Ysgol
   A'r cyrn yn mygu'n groes;
Eistedd i ddadluddedu
   Yng nghegin fach y bac,
Ac er bod rhai'n ei sgubo
   Mae'r llawr fel enaid blac.

Seibiant i gofio'r cerddi
   A garai'n fwy na dim
Am amser a'i drybestod
   A siwrne'r ddaear chwim
Yn troi a throi ar echel,
   A honno'n echel slent,
I gadw'r haf a'r gaeaf
   Yn un ym Môn a Gwent;
A'r cerddi a wrthodwyd
   Am fod eu tân a'u nwyd
Fel llestri'n torri'n deilchion
   Neu ludw'n llosgi'n llwyd.

A ninnau blant y pentre
   Yn dilyn wrth ei gwt
Gan adrodd megis yntau
   Pob un ei rigwm bwt;
Ac yntau bron â suddo
   O dan ei bwn a'i faich
Am fod crafangau Cymru
   Cyd-rhwng ei fron a'i fraich.

I lawr hen Allt yr Wyddfa
   Y ffodd o'i ffwdan ffôl
Gan lithro i'r llonyddwch
   Diarcholl yn ei ôl.
Nid dyna'r olwg olaf
   A gefais arno fo:
Mae darnau o'i falchderau
   Ar wasgar hyd y fro.

Llwynog wrth Bont Britania

Un bore Sul
Pan oedd y bobol gul
Yn mynd tua'r capel
Yn reit swel,
Es i fy hun
Efo dau o ffrindiau cytûn
Tua'r Bont yn y fan.
Pan,
Yn sydyn, daeth clamp o lwynog
Blewog, llewog,
Allan yn dawel
O geg y twnel,
A sefyll
Yn ddigon hyll
Mewn cot oedd heb ei gwnïo,
A sbïo
Yn ddigon beth'ma o'n blaena.

Roeddem ninna
Yno mor ddi-sôn
Â Marquis Sir Fôn
Tew,
Di-flew,
Ar ei stand,
Uchel, crand,
Heb wybod yn iawn be' i'w ddweud
Na'i wneud.
Yna heb frys na braw
Islaw,
Ei untroed oediog
Esgyrnog, gymalog,
Yn reit siŵr
Gwnaeth ddŵr

Dros y tri
Ohonon ni;
Cyn troi
A ffoi

Ar wib
Dros y grib.

Daeth,
Aeth,
Fel y '*Mail*'
Ar hyd y rêl.

Llewod Tewion

Pan fyddo'r nos yn dawel
   A'r cledrau yn ddi-sôn,
A'r bont yn wag sy'n cludo'r mêl
   Drwy'r twnel i Sir Fôn,
Y llewod tewion heb ddim blew
Glywir yn rhuo'r ochor drew.

Pan ruthrai'r trên ertalw
   M ar hyd y cledrau hyn,
A mwg y corn o gorn y mw
   G acw yn gwmwl gwyn
Lleisio'n ddidostur 'rochor hon
Wnâi un yn lleddf, a'r llall yn llon.

A phan ddiflanna'r rheilffyrdd
   O dan y fwyell lefn,
A dyfod eto'r glaswellt gwyrdd
   I'w gwneud yn wyrdd drachefn,
Mi fydd y llewod, ar fy llw,
Yr un mor fud, Tjww-jww, Tjww-jww!

Hen Fenyw Fach

(ugeined)

Fel côr morthwylio'r bore,
Neu rwn gaea a glaw yn Arenig y glust,
Clywais lais hen fenyw'n lleisio
Yn isel yng nghyffiniau Cydweli,
Un nos, wrth rifo losin –
Du fel pechodau ir
Erwau hen y Berwyn neu Boras.
Hwythau weithion,
Fel rhugliad un ar fin ymadael,
Neu sŵn mewn eglwys wag,
Fu'n ratlo'n hir ym mhocedi'r cof,
Cyn i awen eu cnoi
A'u sugno wedyn i naws
Ugeined, a honno'n ysu
Yn y genau i ganu.
Ond gan mai simsan oedd syms
Offeiriad y fferins,
Fe wêl y craff, a graffo
Ar we a gwnïad twt yr ugeined hon,
Ormod, er gwell, er gwaeth, o linellau
Ynddi hi. Hyn *sydd* od.

Jac-y-do ym Mhenarth

Doe gwelais hen Jac-y-do,
Esgud ond cloff ei osgo,
'N eistedd ar ystum gweddi,
Yn fras ac yn fawr ei fri.
Dduw däed oedd! Dod oeddwn
Hyd y swnd un hwyr di-sŵn
Dan baderu o dŷ da'i
Groeso, a gorau'i osai
Yn y fro, pan welais, fry,
Hwn, uchod yn bustachu.
A balm, gweled ar ei ben,
Yn lledu fel afrlladen,
Ei het ddifrycheulyd, wen.
Wedyn gwelais mai coeden –
Hen, hen frenhinbren y fro –
Naddwyd yn ddwygoes iddo.
Dan y sêr, yr aderyn
Ni roes ochenaid er hyn,
Ond herio ein byd diras
Wnâi â'i big a'i ganu bas,
Onid aeth crawcian anardd
Ei ho-ho yn *Ave* hardd
Wnaethai'r to'n derfyn yno.
Doe gwelais hen Jac-y-do.

ATEBION

Ateb a fydd ryw ddydd raid
Yn ôl gan anifeiliaid.

Mwyalchen

Y prydydd mwyn â'r sbectol
  Fel gwaelod dau jar jam,
Sut wyt ti yn fy ngweled
  Heb sôn am os a pham?

Y prydydd twt â'r osgo
  Fel un ar fedd ei nain,
Mae sŵn fel sŵn hen wylo
  Yn seinio yn dy sain.

Y prydydd hy â'r honiad
  Dy fod ti'n frawd i mi;
Pa dderyn roddai'i ryddid
  Am dy bruddglwyfder di?

Y prydydd pam yr ofni
  Y lludw llwyd a'r llen?
Dy orchwyl di fel minnau
  Yw canu am eu pen.

Yr Asyn

Pan hedai'r pysg y'm ffurfiwyd i
   Â'm dwy glust fel dau bawl,
Ond da ti, paid ag edliw dim,
   Dwyt ti fawr gwell, myn diawl.

Est ti yn foel, es innau'n llwyd
   Wrth inni fynd yn hen,
Ond ni fu surni yn fy mryd,
   Na dirmyg yn fy ngwên.

Rwy'n dwp, mae'n debyg, ac yn gam
   Yn ôl dy safon di,
Ond ni chadd bardd na chwilen ddu
   Eu sathru gennyf i.

Ynfytyn! – cefais i fy nghroes
   Am gario Ceidwad dyn,
Ond roedd y groes a gariaist ti
   O waith dy law dy hun.

Yr Ystlum

Creawdwr y cwningod diniwed,
  A chrëwr y morgrug mân, mân
A roddodd i'r gwannaf eu trwydded
  I fyw ym mhenillion dy gân;
Dy enw yn destun canmoliaeth,
  Ond beth am y noson ddu, ddu
Yr est efo'r cerddor i'r gwely
  I fyny yn nenfwd y tŷ?

Creadur y nos wyt, myn uffern,
  Pererin cysgodion yr hwyr,
Yn trosi a neidio yn drwsgwl
  Wrth ddwyn dy fwriadau ar ŵyr;
Ac yna ar ôl y gyfeddach,
  Yng nghonglau dilewyrch y sbri,
Yn nyddu dy bill hunangyfiawn
  I feio'r holl sŵn arnaf i.

Y Bilidowcar

Rwyf wedi alaru, a hynny ers talm, ar y brawd
Bondigrybwyll sy'n dod ac yn oedi bob dydd ar ei rawd

Rhwng y Pier a'r nef. Mae'n sefyll ar ganol y prom
Â honglaid o lyfrgell tu ôl i'w ysbectol fawr, drom,

Gan glegar yn hy yn ei lais brylcrîm
Am feirdd ac athronwyr a phob un dim.

(Duw a'n gwaredo, byddai'i fywyd o'n llwm
Petai'n siarad fel hyn yn y comon-rŵm.)

A dyweder a fynner, nid ydwyf i hwn
Ond modd i wneuthur yr ugain yn grwn.

Cans ni fyddai'i gyfrol yn gyfan, mae'n siŵr,
Heb rigwm am weilgi, a deryn, a dŵr.

Ond dyna fo, mae beicio o gwmpas o hyd i bob man
Yn bownd o'ch simsanu a'ch gadael chi'n wan.

A siawns bod gwirionedd o hyd yn y ffaith
Y cewch glwy y marchog cyn diwedd eich taith.

Brain

Be haru o? Yn credu ein bod ni'r brain
Yn ein du, fel pechodau hyll
Yn malu a chwilio am lwch halen
Yn erwau unig y gwirionedd!
Neu'n crafu'r caeau mwstard am hadau mân
I flodeuo yng ngardd ddistaw yr awen
Yn segwensiau ac emynau mawl,
I'w hoffeiriadu a'u llafarganu gennym
Fore a hwyr, fry
Yn eglwysi gleision
Y coed a'r caeau hen.
Ni fynnwn ni boeni, myn beirdd,
Am gynghanedd a delweddau.
Adar ydym!
Dyna i gyd a'r unig gelfyddyd a feddwn
Yw troi a throi weithiau ar wib
Yn stiwdio'r awyr agored,
Yna, plop i lawr
I wneud, â chalch, ugeined o chwaeth
Dros ben a symbolau dyrys y bardd.

Yr Alarch ar Lyn Acton

Yn fy nyth yng nghynefin hesg
Wrth gadernid llyn Tegid llwyd
Roedd fy myd i gyd mor llawn ag ŵy
Nes i hwn un Sul
Alw ar grwydr yn ei goler gron
Ar ei ffordd i'r llan o'i wely – ac o'r llan i'w wely yn ôl
Eilwaith – sylwi
Bod delweddau i'w gwneud o'n bywyd teuluaidd a gwae ni wedyn!
Ni chaem, nos a dydd, lonydd gan ei gelfyddyd
A bu raid, wele, i mi, un bore du, hel y 'mhac –
A 'mhig – a mynd ymhell
Nes disgyn ar y llyn llonydd
A di-don hwn yn Acton i ailgodi nyth.
Ond ow wow! pwy ydyw y diawl ar dro di-hap a di-dei a welaf
Yn dwad o gyfeiriad yr hen Foras –
A phaladr ei lygad yn llawn trosiadau?
Ar fy llw, bydd dŵr fy llyn
Unwaith eto'n atseinio i sŵn
Cynullion ei gynghanedd, a bellach fy ngweddi,
Cyn marw, yw cael hoe i'w foddi acw heno ym môr celfyddyd.

Pelydryn

Sleifiodd ataf o ryw lôn gefn gul
   Yn ddistaw drwy'r gwynt a'r glaw;
Mwstás fel brws a llygad llo;
   Fferins neu rywbeth yn ei law.

"Datod!" meddai â'i geg fach yn gam
   A dangos ei fwriad i mi;
Botwm go ddyrys ond daeth yn rhydd
   Ymhen rhyw ddau funud neu dri.

Un wên a fflachiodd fel heulwen ha
   Ac yna diflannodd yn lân,
Ac ni fyddai mam wedi amau dim byd
   'Tai'r ffŵl heb sgrifennu'i gân.

Yr Hen Ddoctor

Mi fu o'n curo'n arw
  A chaled ar fy nrws
Nes bron â deffro'r marw
  A'r byddar yng Nghaersŵs;
Ac er mai curo ofer fu
Yr oeddwn yno yn y tŷ.

Er iddo guro rhagor,
  A gweiddi'n groch, wrth gwrs,
Paham y dylwn agor
  I wrando ar ei sgwrs?
Yr un un gân yw hon bob tro
Am fynd â hwn a hwn i'r gro.

'Wnaeth o ddim sylweddoli,
  Ac aeth, ag ysgafn fron,
I'r fynwent werdd i'm moli
  Mewn marwnad newydd sbon,
Ac er bod hiraeth ymhob hwrdd,
Yr oeddwn, Bob, o dan y bwrdd.

AMRYWIADAU

Bachgen Bach o Felin-y-wig

Bachgen Bach o Felin-y-wig,
Welodd o rioed damaid o gig;
Gwelodd falwen ar y bwrdd,
Cododd ei gap a rhedodd i ffwrdd.

Helynt mewn Melin

Euthum i felin ddethol
Yn y Wig wythnos yn ôl.
Canfod bachgen soegenau,
Un hoyw, newydd orffen hau.
Un eiddig am ymddiddan,
Yn y tŷ, o flaen y tân.

A rhoi 'mryd ym merw y Wig
Ar ddenu'r aelardd unig.
Cael cig urddedig ddigon,
A wnâi'r llanc yn gry a llon,
Ac êl wrth y potelaid,
I roi hwb i'r wledd, o raid.
'Mhen ysbaid gwneud llygaid llo,
O was annwyl! i swyno
Y mab i ddod at fy mwrdd,
Yn ddidwyll a diddadwrdd
Pan elai y minteioedd
Am eu hun; un cyflym oedd.

'Rôl huno, ond fo a fi,
Am y gris, dan ymgroesi
Y daeth, yn graff, ddidrafferth,
Dioer hynny oll, drwy ei nerth,
Ata i ym mhen draw'r tŷ
A'i anian ar i fyny,
Yn neitiwr diymatal.
Alar fu; hyd lawr y fâl
Fe welodd glamp o falwen
Dew a ffals yn codi'i phen,
Ger ei law, ac O! gwae'r wledd.
Hustyng nid oedd yn eistedd!
Deuair rheg, a chodi ar ras,
Weithion, a wnaethai'r brithwas.

Saethodd i'r ne yn seithug,
Ar fy myw, ai Duw a'i dug?
A churodd, dyrnodd ei din
A'i falog, yn nho'r felin.

Yngo, roedd sach yn hongian,
Duw a'i mefl, yn llawn blawd mân.
Daeth, mal llaeth o dethau llawn,
A'i wynnu ar ei uniawn.
Dan ei rith dyn eira oedd,
Neu hudol arth wen ydoedd.
Megis fflwr-dy-lis ei lun,
Amwisg, neu liain cymun.
Mal lili oedd, mal eiliw ôd,
Yn mynag yn y manod.

'Di, yr uffach bwbach bardd,
Unwedd â'th falwen anhardd!
Gwae dy friwgig a'th rigwm,
Y trythyllddyn, llipryn llwm!
Af, 'mogelaf rhag dy gig,
Yn feudwy dyrchafedig.'

A finnau yn fy henwal,
Ŵr diddim heb ddim i'w ddal,
Yn tuchan am yr anap
O gael o'i ôl ond ei gap.

I Wagedd ac Oferedd y Wig

Llyna Wig llawn o wagedd,
Llawer o boen a llawr bedd.
Afraid i fachgen efrydd,
Hyd y Wig, yw gweithio'r dydd.
Melin ddi-faeth, waethwaeth was,
Annynol ei galanas!
Cigweiniau'r cogau unig
Yn wag o hyd a di-gig.

Ni rydd gordderch o ferch fain,
O'i llaw, gig ar y lliain.
Mae'r hwyaden? Mae'r adar?
Mae'r sbam? Mae yr asen sbâr?
Mae'r clwff cig llo? Mae'r stwffin?
Neu gyw iâr yn frau mewn gwin?
Mae'r cig eidion strogonoff?
Mae'r sew neis? Mae'r asen hoff?
Mae yno'r briwgig digost?
Mae'r iau oen? Mae yr ham rhost
Yn ei fêl? Mae'r *coq-o-vin*?
Mae'r pwdin moch? Mae'r crochan?
Yno ni fydd i'r unig
Yn ei gawl un darn o gig!

Draw o'r ddaear yn ei dro
I'r Wig y daeth i drigo.
O'r Wig i'r ddaear yr â
Yn ôl ar ei daith ola.
I'r ddaear gêl o'r felin
Yn awr ei dranc try o'r drin.
Obry o dan y dubridd,
Â'n ei bryd i'r felin bridd.

Wedi'r boen pan dry o'r byd
I orwedd dan y gweryd,
A'i gap yn ei law'n dawel
Wrth raid ei enaid. A wel!
Afraid chwith i'w enaid chwyrn
Yw disgwyl dim ond esgyrn.

A heddiw yn anniddig
Mae mewn arch ym min y Wig.
Wedi bo yno funud,
Malwen hyll drwy'i hestyll drud.
Cywely y tŷ tywyll
Wele'n awr yw malwen hyll!
Ni rown ben un falwen fach
Wedyn er ei ddilladach,
Na'i gap, na chwaith ei wisg wen,
Na'i hen abid anniben.

Yno y bydd heb ddim bwrdd
Na chapan chwaith na chwpwrdd –
Heb gyllell a heb golled,
Heb firain liain ar led;
Heb un plât a heb datws;
Heb fforc arian a heb ffws,
Heb law a braich, heb lwy bren,
Yn unigedd ei agen.
Hyd ddydd brawd heb gnawd i'w gnoi
Nac asgwrn gwiw i'w osgoi,
A thrichant, llefant yn llu,
O falwod yn ei falu.

Marwnad Mab

Blwng yw echel y felin,
A di-ru yw wedi'r drin.
Magu mab dinam hygar,
A doe ei roi dan dir âr.
I'w hundy o dan wndwn,
Anap oedd roi'r di-gap hwn.

Os dygwyd y gwas digig
Llai yr hoen yn llawr y Wig.
Gwae finnau, o chaf einioes,
Ei roi'n fud gan bry yn f'oes.

Anhapus yw pry copyn
Hyd y Wig o guddio'r dyn,
A malwen a phry genwair,
O roi hwn mewn seintwar wair.

Yn y Wig os marw yw o
Fis Mai ni ddylai ddeilio.
Edwi wna pob malwoden,
O liw nos is haul y nen.
Gwae yrru hwn yn groeniach
I'w fedd gan falwoden fach!
O Fair! na chawn siawns i fod
I'w wylio rhag y malwod,
Ac arbed rhag gwybedyn,
Ger y dail, y gorau dyn.

Ni welir yn y felin
Ar ei ôl un mwy ei rin.
Yn ei ddydd ni chwynodd o
Unwaith na chadd gig yno.
Gwae rwyf i, nawr ger ei fwrdd,
Yn oedi wedi'r dadwrdd.

Minnau fyddaf lysieuwr,
Och o'r gwae, o barch i'r gŵr.
Yn bennoeth cododd Beuno
Wŷr yn gryf o gyrion gro.
Yn wylaidd, na fai'r malwr
Yn ei gap yn wythfed gŵr!

Gwallt Mab

Llio milwallt lliw malwen,
Llyma bert yw'r llwm ei ben!
Yn y Wig bu'n rhyfygus
Yn lliwio ei wallt a mâl llus.
Eraill a dyb fod, hwyrach,
Ar ei ben liw mwyar bach.
Mae ar ei ben falwen fain
A'i lliwiau fal llen lliain.
Unlliw yw â'r fall ei hun,
Yn gorwedd ar ei gorun.
Mewn heulwen mwyn, a weli
Ai silfer yw ei slefr hi?
Unlliw ei dâl a llaw diawl,
Dudew ydyw a didawl.

Llio'r fâl, lliw'r fioled,
Olew ei wallt sy ar led.
Am ben y gwas mae tasel
O wnïad du malwod del.
Yn ei phleth ac yn ei phlyg
Mewn deubeth y mae'n debyg:
Nid yw'r blew mal blaenewyn,
Na'r un lliw â'r môr yn Llŷn.
Unlliw yw â malwod Llŷn
A gloywach na'r darn glöyn.

Cyhafal yw'r gwallt malwen
I graw o byg ar ei ben.
Mae dau gorn am iad y gwas
Yn eglur mal cwt pyglas.
Malwen Fai mal un o fil
Yn hugan am ei wegil.
Unlliw yw, medd rhai, â llaid,
A hafal i faw defaid.

Yn llafar, llu a ofyn:
Onid od, yn wir, yw'r dyn?
Onid od bod malwoden
Yn nobiau hardd ar ei ben?

Daeth malwen ddiflew newydd
Heno'n daer ar derfyn dydd.
Oedi'n flin wrth ei ginio
A'i chorn hi'n ei ddychryn o.
Wele'n awr, was malwen wallt,
Yn gyrru o'r Wig orallt;
Diengyd mal hydd sydyn,
Â'i gap yn ei ddwylo gwyn.

O Dduw (od ydwyd dduwallt)
Na ad iddo fyth guddio'r gwallt.

Marwnad Siôn y Wig

Un mab oedd yn nhrem y Wig;
Un eiddil, gwael, anniddig!
Mor druan ei ran a'i rod
A gwae ydoedd o geudod.
Bywyd gwag y byw di-gig
Yn nhewdwf llwm y goedwig
Wywodd ei wedd yn ddiddim,
A'i ddwy ais a aethai'n ddim.
Isod ni roed ond briwsion
Fore a hwyr ger ei fron.
Pancos i unfab pencerdd
A gâi yn y goedwig werdd.
Bwyd y llwy yn bwydo llanc!
Grual yn pesgi'r ieuanc!

Owns o iau, yn ôl y si,
A garai ef a grefi;
Wylo i bawb li o'i ben,
Wylo am bastai lwlen.
Ffeirio y cwbl o'i fferins
A wnâi am un plât o'r mins.
Gwerthu'i enaid heb beidio
Wnâi y llanc am gig y llo!
Anfon i ddiawl ei henfam
Wnâi yn siŵr am bwys o ham!
Yn benstiff am flas biffyn
Ei dad werthai wedi hyn!

Gwae fi, Fair, a gwae fwy fyth,
Gwae hefyd yn dragyfyth,
Iddo ganfod malwoden
Yn pori hyd y bwrdd pren.
Malwen haerllug ei dugorn,
A chas fygythiol ei chorn.

A Siôn, fy mab gwirion, gwan,
Anhapus a digapan,
O'i gweld hi'n harddu'i ginio,
Lewygodd, a drengodd dro,
A gwingo rwyf ag angerdd
Am was di-gig y Wig werdd.

Oni ddaeth bêbs yn ddy Ŵd
O'r ogof wedi'r ffrwgwd?
A Sno Wait, os yw yn wir,
Eto i rodio'r frodir?
O na châi'r bach, yn iachwedd,
Ddod, trwy wyrth, o byrth y bedd,
Yn ebrwydd i ymlwybro
Efo'r rhain hyd erwau'r fro.
O na ddôi at fwrdd y Wig,
O'r bedd a'i hedd anniddig,
Yn ei gap a'i amwisg wen
I weled eto'r falwen.

Yn swrth mwy saif newyn Siôn
Yn ddeufrath yn y ddwyfron.
Ow! Siôn y Wig sy yn awr
Yn anfon hiraeth enfawr.
Yn iach y stecs, yn iach stiw,
Yn iach lwlen o'r meniw;
Yn iach, och! pastai grochan,
Yn iach mwyach friwgig mân;
Yn iach ham ac ŵy a chig,
Yn iach pysgod a sglodion,
A sbâr-ribs a phys a brôn,
Yn iach, fy maban anap,
Sy'n y gro yn gwisgo'i gap.

Bonedd a Chyneddfau'r Falwen Fawr

(Cywydd ateb coch y bardd o Fôn)

Heno dyro, Dad y Wig,
Dy ogawn i fardd digig,
Im wau pill addas o'm pen,
Am rad ymweliad malwen.
O gael dy nerth i'm nerthyd,
I ddydd barn neu ddiwedd byd,
Mi fy hunan gaiff y mawl
Am nyddu emyn haeddawl;
Emyn yn dâl am falwen
Ar ei hynt o law ein Rhên.

Henffych well, fy hoff wych Wig,
Digwl dy fyrddau digig.
Gwledd dy fordydd, eilfydd hon
I eiliad gwledd angylion.
Ynot, dy fara menyn,
O ddydd i ddydd oedd i ddyn.
Haenau dy frechdanau di
Yn unwedd oedd i'm llenwi.
Darnau dy dostiau, o'th dyrth,
Yn uffernboeth o'th ffyrnbyrth.
Oseb dy blatiau gleision,
Wele oedd, o ddwylo Iôn.
A'th fîr oer, mal llaeth o fron,
Yno, lifai mal afon.
Bob amser dy soseri
Yn llawn fel dyfroedd y lli.

Bellach fy nerth a ballawdd,
Duw y Naf, nid yw hi'n hawdd
I fyw yn hyf yn y Wig
Yn ddigardd ac yn ddigig.

Er amled hoced yr hin,
Miloedd gofalon Melin,
Ateb a fydd, ryw ddydd ddaw,
I'n Hiôn am ddigig giniaw.
Cans wele, gwledd dy deoedd,
Yn ddiau, yn ddi-iau oedd!*
A chig braf, er ymrafael,
Dduw Gwyn, nid ydoedd i'w gael.

Chwiliais yn deg dy gegin,
Â mefl a rheg ar fy min;
Chwilio'n eiddig am gigoedd
Ac och! chwilio gorwag oedd!

Mae braw yn rhy brudd i'm bron;
Llifa f'ofn mal llif afon;
Ffeindiais falwen, un denau,
Hyd gegin y felin fau.
Chwilio mâl a chael malwen
Yno'n ffwyr yn codi'i phen.
Dduw Dad, oherwydd ei dod,
Minnau droediwn mewn drewdod.

Bu gain Fferyll gerddyll gant
O falwod da o foliant.
Malwod yn dannod doniau
Fenws a Sëws a Iau
Oeddynt, ac ymdrybaeddu
Yn y llaid mal pechawd llu.
Pwy a nôd y malwod mau
Na dichon nodi'u hachau?
Un falwen a adwen i
A haedda foliant iddi.
Hen falwen Gardd Eden ddaeth
(Anorfod yw'n Rhên a'i arfaeth)
I fwrdd y Wig fendigaid,
O law'r Iôr o ddwyfol raid.

A golyth ydoedd gweled
Eiliw hon, yno ar led.
Dad, ised oedd, a dison,
Mal y môr yn ymyl Môn!
Mal sarff aruthr yn rhuthraw
Ar ruthr wyllt yma a thraw!
Mal neidr ddiarbed wedyn
Daw, O Dad! i wawdio dyn!
Eiliad yw einioes malwod,
Hyd y Wig, yn mynd a dod.
Unwedd â malwen anardd
Yn y byd yw einioes bardd.
Darfod a wna malwoden
A daw bardd a byd i ben.
Nid hafal yw y falwen
Anhydyn hon dan y nen:
Hi ddoe mewn pridd yn ddiddig,
Yfory ddaw hyd fwrdd y Wig.

Clywaf arial y falwen
Yma o hyd yn fy mhen;
Duw a wnaeth falwoden wan
O'i lun a'i ddelw'i Hunan.

Gair yr Iôn a'i hanfones,
Yn ddi-ludd, ar daith ddi-les,
I'r felin at fy nghinio.
Ochais, pell ffulliais ar ffo,
O'r lle, heb gyfle i gael,
O Dduw, fy mhenwisg ddiael.

Gorthaw Wig, dig wrthyd wyf,
Adyn, o'th dudwedd, ydwyf.
Trwy y byd, bellach, tra bwyf,
Digap y gweinidogwyf.

Dychwel cyn bedd i'r felin
Fel oedd yw 'ngweddi ddi-flin.
Cael dod yn ôl i rodio
Hyd i'r Wig am awr o dro.
Chwilio am gap, anap hwn;
Cu Iesu, mi pe'i cawswn
Eilwaith o'th law, addaw-wyf,
AMEN, na farddonaf mwy.

* Yn ddi-iau, yn ddiau oedd

tB.M.
Add. 14,268t.99c

Melin-y-wig

Melin-y-wig! dig yw'r dydd, – ei melin
   A'i moliant a dderfydd;
Sarff a malwen echrys sydd
Heno lle bu awenydd.

Yma nid ydoedd hamiau – i'w gweled
   Na golwyth ar fyrddau,
Yn arlwy efo wyau,
Ond malwen gymen yn gwau.

I fachgen llwydwedd tenau – hir alar
   O wylio ei chastiau
Yno yn gwibio a gwau
Yn unig rhwng brechdanau.

Tawel heno mewn tywod – yw y gwas
   A'i gap ar ddisberod;
Lle amgen i fachgen fod
Na melin lle bu malwod.

Bugeilio'r Falwen Wen

Mi sydd fachgen ifanc dig
  Yn byw yn Wig-y-felin,
Myfi ni weles rwy yn siŵr
  Rioed gig ar fwr' ei chegin.
Pam na ches i brofi hwn
  Ni wn yn iawn hyd eto,
Gwaith ni chawn fyth wrth ddod o'r ca'
  Ond ffa a phys a thato.

Dyna pam un nos dan sêl
  Yr es i'n dawel, dawel
A dodi malwen wrth y pys
  I mi gal esgus madel.
Mi godes drannoeth coeliwch fi
  A'i gloywi nerth fy nghoesa,
Nawr mae fy nghap yn saff ar fach
  Yng nghegin fach Cefn Ydfa.

Tra fo 'mhlât heb bys na ffa
  Mi fydda i'n eitha bodlon
Gwaith dweud a wnaf y gwir di-ofn
  Gyfrinach fach fy nghalon:
Tra fo malwen heb ddim gwallt
  Ac Ann yn dallt fy ffansi
Caiff arall wylio'r gwenith gwyn
  A Hopcyn fyta 'mhys i.

Rhyfedd, Rhyfedd

Gwele'n sefyll wrth y felin
  Fachgen bach o ben draw'r Wig;
Yn ei oes ni welodd yno
  Wrthrych tebyg idd i gig.
    Amser nithio
Nid oes yn ei Wig ef wledd.

Rhyfedd, rhyfedd a mwy rhyfedd
  Gweld y falwen ryfedd hon
Yn troi'i fwrdd yn destun syndod –
  Yntau'n synnu ger ei fron!
    Awr o syndod
Dry y syndod hwn yn fraw.

Diolch byth am ras a gafwyd
  O dan gangau'r bywiol bren!
A chan ddiolch fod cap pechod
  Yn troi'n goron ar ei ben,
    Haleliwia!
Â o'r Wig fel colofn dân.

Trawsfelin

Ces i fy siâr o lysiau, do,
  I gino ces i gennin;
Ces fynych faeth (er gwaeth, er gwell)
  Ces badell fawr o bwdin,
Ces fara da, ces fîr i de
  Rhwng walie gwig Trawsfelin.

Mi hoffais fyw fel hyn yn fain
  Yn ymyl llain y comin
Heb weled cig, heb olud cawl,
  Ond canu mawl i'm melin;
Nes gweld un hwyr ar fwrdd yn bla'n
  Hen falwan ddu Trawsfelin.

Am hyn, mi es, â gwaedd a rheg,
  Ar redeg, draw o'i chegin,
Gan wisgo 'nghap, yr hengap rhad,
  O'r eda du cyffredin;
A byth, ni ddof o dan ei big,
  Yn ôl i Wig Trawsfelin.

Melin Gocos

Roedd bachgen bach
Yn byw yn reit iach
Efo'i fodryb Elin
Yn y felin
Yn y Wig
Ond roedd o'n reit ddig
Achos chafodd o ddim cig
I ginio
Nac i'w swper o
Erioed
Yno'n y coed.

Un dydd
Prudd
Pan ddaeth fel arfer
Am ei swper
Fe welodd yno
Rhwng ei soser o
A'r plât bara menyn
Melyn
Falwen dew
Heb ddim blew
O'i flaen
Yn reit blaen.

A heb aros i sbïo
Na chael ei wynt ato
Wedi'r anap
Cymerodd ei gap
A'i goes
A ffoes
Yn reit ulw chwim
A stopiodd o ddim
O gwbwl, yn ôl y sôn,
Nes cyrraedd Sir Fôn.

Ac mae'r bachgen bychan dig
O Felin-y-wig
Na welodd erioed damaid o gig
Yno o hyd
Yn reit saff a chlyd,
Am wn i,
Ac yn cadw cwmni
I'r Marquiss o Anglesey
A'r malwod tew
Sy'r ochor drew.

Y Falwen

Wrth ddychwel tua melin
  Y glasgoed yn y Wig
Mi welais fachgen bychan
  Na welodd ddarn o gig.

Mi drodd i mewn i'r gegin
  I chwilio am ei de,
Ac yno'r oedd fel arfer,
  Yn barod yn ei le.

Ond malwen gynta'r tymor
  Oedd yno yn ddi-oed,
'Run fath â'r falwen gyntaf
  A faeddodd ardd erioed.

Mi redodd nes diflannodd
  O dan ei fedw bren
A'm gadael i a'r falwen
  Yn chwerthin am ei ben.

O diolch iti, falwen,
  Am ddychryn hwn i ffwrdd;
Mi lyfais i fy ngweflau
  A llowcio'i de o'r bwrdd.

Gwyn ei Rudd

Gwyn ei Rudd, Gwyn ei Rudd,
Lliw y bedd sydd ar dy rudd,
Am na chefaist ddarn o gig
Yn y felin yn y Wig;
Cerddi adre wedi'r cwrdd
Drwy y Wig ac ar y bwrdd;
Gwyddost ti mai jam a manna
Sy'n dy aros wedi'r oedfa:
Gweli falwen folwen lysti
Yn lletya rhwng y llestri;
Ei i'w sathru hi i'r gwlith
Am fod Duw yn dirion byth.

Llofrudd wyt yn crwydro'r byd
Am na chefaist gig o'r crud;
Cysgod wyt dan sêr y nen
A chysgod cap sydd ar dy ben;
Prydydd wyt, pwy ŵyr dy daith?
Beth ond diolch yw dy waith?
Gwyn ei Rudd, Gwyn ei Rudd,
Dim ond canu yw dy ffydd:
O! dywysog pob ystrydeb
Emynyddol mwy na heb!

Y Sipsi

Gwelais ei fwrdd un dydd
  Yng nghegin y felin fach
Ac arlwy ei blatiau'n drwm
  Gan ofal am fwydydd iach;
Ac yntau yn chwilio'r tŷ
  Fel cudyll am ddarn o gig
Gan annos ei fysedd chwim rhwng y bwyd
  A'i ochain yn deffro'r Wig.

Gwelais ei fwrdd un nos
  A'r gadair gerllaw y tân;
Ar daen ar y ceinciog bren
  Y lliain yn wyn a glân:
Ac yntau yn syllu'n ddwys
  A'i geg yn agored fel giât –
Malwen yn gorwedd ar ganol ei grwst
  A'i chynffon yn llenwi'i blât.

Ond heno pwy ŵyr ei hynt?
  Nid oes namyn deucorn du,
A dyrnaid o friwsion sych,
  Ac arogl ofn lle bu:
Nid oes ganddo ddewis mwy,
  Na melin o dan y nen –
Byw yn bennoeth yn y gwynt a'r glaw
  A marw â'i gap ar ei ben.

Yn Harbwr San Ffransisco

Hen leuad wen fel malwen slei
   uwchben y cei yn sgleinio
a weli eto'r bachgen dig
   na welawdd gig cyn Ffrisco?
Y mae dy oleu yn y dŵr
   yn siŵr o ddephro adgo
am wneud i'r bachgen bychan phoi,
   ohoi, am San Ffransisco.

Eisteddai wrth y bwrdd un nos
   yn aros am ei ginio
a llai o siawns fod cig yn dod
   na chanfod sant yn Ffrisco.
Pob man yn ddu a'i blât yn wag
   a mwg y shag a'r baco
o'i getyn glai yn codi lan
   fel nifwl San Ffransisco.

Pan welawdd yn dy oleu teg,
   cyd-rhwng ei geg a'i blât o,
hen falwen gestog, gam ei chorn,
   phoes rownd yr Horn i Ffrisco.
A dyna pam y daeth mae'n rhaid
   ar frig y taid yn gwisco
cap fflat Hugh Pugh o Bortinllaen
   a ddaeth o'i flaen i Ffrisco.

Mehevin 94

Tua'r De

Eistedda yn ddwys
   Ym Melin-y-wig;
Mae rhywbeth yn poeni –
   Cwyna, edrycha am gig.

Dechreua fwyta,
   Mae rhywbeth yn symud draw,
Byr yw'r swpera
   Â'i gyllell a'i fforc yn ei law.

Yna cyfogodd!
   Malwoden mewn cragen lwyd;
Try yn ei unfan
   Uwchben ac o gwmpas ei fwyd.

Â yn llai ac yn llai,
   Todda yng nglesni'r ne;
Yfory, gorffwysa'n
   Ei gap yn heulwen y De.

Melin Trewig

Nid yw'r felin heno'n malu,
  Fwy na honno 'min y môr;
Ffodd y bachgen bychan allan
  Yn ei gap o drothwy'r ddôr;
Ni ddôi neb i'r bwrdd â golwyth
  Derfyn dydd o facyn bras,
Dim ond jam a bara menyn
  Gydag ambell gosyn glas.

Lle dôi ganwaith ar y lliain
  Letys gwyrdd yn wledd ddi-ail,
Yr oedd malwen o Lanrhiain
  Yno neithiwr yn y dail;
Safodd yntau yn ei barlys
  Ac yn rhegi fel o'i go
Wrth ei gweled ar ei salad
  Wedi rhoi ei holaf dro.

Segur fach sy'n gwylio'r fangre
  Yn y felin ar ei hynt,
Dilythyren hoelen rydlyd
  Lle bu cap y bachgen gynt;
Ond does yno neb yn malio,
  Namyn rhaw rhyw arddwr dig
Wrthi'n palu ac yn malu,
  Malu'r malwod yn Nhrewig.

Y Doethyn

Pwy yw yr hwn sy'n dod
   I'r felin am ei fwyd,
Yn gwisgo'i fantell fraith
   I guddio'i ddillad llwyd?
Bachgennyn bochgoch deunaw oed
Na welodd ddarn o gig erioed.

Heibio i'r llestr pridd,
   Heibio'r ffiolau gwin,
Ar draws y ffawydd fwrdd
   Ymlwybrodd malwen flin
Ac aros yno ger ei fron,
Malwoden dewa'r ddaear hon.

Oedodd y bachgen bach
   A phlygu i lawr yn gas
I sythu'r bluen goch
   Oedd yn ei benwisg las
Cyn ffoi yng ngolau'r seren wen
A chap y capiau am ei ben.

Pwlldewi

Fry yn y felin rodd bachgen bach
Yn ishte'n y gornel ar damed o sach;
Rwy'n gallid ei weled mor fain â bwci
A'i dafot mas yn hanner llwcu.

Rodd e'n dishgwl dwe, wrth dân y felin,
Ar sospanet llwm o gawl heb gennin
Na thato na moron na sêrs ar 'i wmed,
Na dim mwy o lath nag a getwir miwn basged.
A hwnnw'n berwi yn batshe mowr gwyrddon
Yn y crochon bitir fel golchon sepon.
Mae meddwl am 'i fwyta yr 'ilat fach hon
Yn coti rhyw goglish o gyfog trwy 'mron.

Dim ond hen fardd fydde'n ddicon o gibidd
I facu'i was mewn hofel hifelidd
Ac i lenwi ei fola â'r fath gimisgeth
Tra odd inte ei hunan, mor wir â phreceth,
Yn twchu ar samwns a brithyll a siwens
Y bydde'n 'u dala heb gymorth un leisens.
Fe wedith hyn bŵer am rwbeth neu'i gili
Ond nit fy lle i ydi edliw peth felli!

Rodd yno hen falwen wrth imil ei lwy –
Beth alle hi fot? Rhyw fotfedd dim mwy.
A thina lle rodd hi fel angel bach ewn
Yn oeti mor dawel â'i thŷ ar 'i chewn
Ond fe dingech o weled y bachgen yn pangu
Fot ino hen neitir o'r India yn sangu!
Rodd e'n syllu fry ar draws y tabal
Lle rodd 'i gap, hen gapan stabal,
Ar hoelen ombeidus yn croci yn ichel
Ac yn drichid i lowr fel penglog hen githrel.

Fe gitiodd yn hwnnw a chymryd ei gŵes
A mynd am 'i fywyd o ogla y brŵes
Mor giflim bob tamed â Dafi John Meica
Pan fydde'n dod adre 'rôl noson o wreica.

Fe retodd e'n gowir fel dwn-i-ddim-be,
Heb aros yn un man am ddished o de,
Ond mentro ymlân yn ysgawn ei drŵed
Ymhell tua'r gogledd a chwys ar 'i wmed,
Gan atel y cifan i gyd pentigili –
Y falwen a'r samwns yn anrheg i Dewi.

A thina paham mae'n biw nawr ar gig
Ac yn gwella'i Gŵmrag ym Melin-y-wig.

Melin-y-wig

(golwg arni o bell)

Wrth fwrdd y gegin lle'r â'r tân i lawr
   Dros loriau cnotiog yr hen felin lwyd
Mae bachgen bychan yn ei gadair fawr
   Yn wyn ei wedd yn aros am ei fwyd;
Maer bach y felin, ysgweiar balch y Wig.

Ysgweiar balch y Wig â'i wên fel giât
   Heb boeni am na chafodd o o'r blaen
Ond neithdar cudd drigfannau ar ei blât
   Yn gysgod trwch ar ambell dafell blaen.
Ac ar ei farwol ddarmerth ni bu gig.

O gylch y llestri hyn ddechreunos daeth
   Hen falwen dewa'r plwyf i ddweud ei rhin
Gan diwnio drwy ei enaid drymru ffraeth
   A deffro ing y dioddefiannau blin;
Hirymarhous yw'r falwen; daeth ei thro.

Fe ddaeth ei thro'n ddiogel – byth o'r fan!
   Ni ddelir coesau'r bachgen bach yn gaeth;
Ni falia am y meirwon yn y llan
   Wrth gipio'i gap a ffoi yn syth fel saeth
I listio efo Roli bach yn Calläo.

Ym Melin-y-wig

Drwy'r dydd daw llef y bachgen bach
  O'r felin unig yn y Wig.
Beth yw ei gri? Rhyw ddwyster trist
  A loes caethiwed, gofid dig,
A chenedlaethau o newyn gwyllt
  Na welodd ef rioed ddarn o gig.

Daeth nos, a mud yw'r felin wag,
  Distaw 'rôl iddo ffoi i ffwrdd;
A thrwy y drysi yn ei gap
  Crwydra'n nerfus rhag iddo gwrdd
Eto â'r falwen guddiodd Duw
  Tu ôl i'r llestri ar ei fwrdd.

Tylluwannod

Pan oedd ei fwyd yn barod
   A phopeth yn ei le –
Y bara jam a'r bara brith
   A'r llefrith yn y te,
Lleisio'n ddidostur wnâi yn ddig
Am nad oedd iddo ddarn o gig.

Pan lithrodd malwen loywddu
   Fel llafn o dwn-i'm-ble,
A chymryd gosteg yn y man
   O flaen ei gwpan de,
Syllu'n wirion a wnaeth hwn
Â'i lygaid fel soseri crwn.

A phan ddiflannodd wedyn
   Yn ôl i ble y daeth
A gadael gwacter gwag drachefn
   Tu cefn i'r botel laeth
Nid oedd y bachgen trwy ryw hap
I'w weld yn unman – fo na'i gap.

Atgo

Dim ond malwen felfed
  Ar fwrdd y felin hell
A mab yn codi helmed
  I ffoi i'r ffosydd pell.

Malwen

Ni welsai'r llanc o Felin-lom-y-wig
  Wrth edrych dros ei luniaeth yn ei bryd,
Ddim byd ond llymder platiau gwag di-gig
  Yno ar fwrdd a oedd yn gam i gyd.
Ac yn wir, yn wir, os gwir ydyw'r goel,
  Ni chawsai i'w gnoi na bore na phnawn
Ond asgwrn ac asgwrn ac asgwrn moel,
  Heb ddim yn ei grynswth na dim yn llawn.
Gwae ef o'i dynged! Cans un amser te,
  Ar lyfnder esmwyth y llieinfwrdd drud
Fe welodd falwen heb nac os na phe
  Yn mynd, ac wedi mynd, ond yno o hyd.
Nid oedd, 'rôl iddo ffoi o'r chwalfa chwap,
Ddim ond amlinell lom lle bu ei gap.

Yr Henwyr

Ar bentan gloyw'r felin
   Eisteddai'r bachgen llwyd
Gan rythu ar ei grystyn
   Â'i lygaid pŵl, di-nwyd.

Yno yn drachtio'i lymed
   Heb weled darn o gig
Mor drist â'r clychau llwydion
   A seinia uwch y Wig.

Drwy'r ffenest fach fe sleifia
   Hen falwen dewa'r plwy
Gan oedi ar y lliain
   Heb geisio symud mwy.

Try ati hi a'i gweled
   Mewn gwisg o angladd du
Ac yntau fel y galchen
   Yn ffoi trwy ddrws y tŷ.

Gan redeg oni chlywa
   Sain hir a lleddf y gloch
A'i huna â'i hynafiaid –
   Efô a'i gap bach coch.

Malwen Ddyrchafael

Beth sydd ymlaen fore o Fai yn y Felin?
Edrychwch arno, ar wedd y bachgen bach llwglyd,
A'i grys ar ei sgwyddau fel amdo ar sgerbwd
Yn llwgu yn llymder diasgwrn y gegin.

Gwelwch ei lygaid fel soseri mawr crynion,
Ac yno, ar ganol y lliain, falwen fud,
Deugorn ei phen di-glust yn llathraid frwd
A'r rhith slefr yn gwyro o thuser ei chynffon.

Dowch allan, ddynion, o'r felin a'r Wig
I wasgu y falwen, dowch gyda'r ffeiriad i weled
Codi o'r gadair afrlladen ddifrycheulyd
A'r mab yn cofleidio'i gap yn dynn wrth ei big.

Y Llanc Ifanc o'r Wig

Pwy ydyw dy gariad, lanc ifanc o'r Wig,
Sy'n rhodio drwy'r felin fel hyn heb ddim cig?
Merch ifanc yw 'nghariad, llysieuwraig i'r carn,
A gwag yw ei chegin yng nghysgod y Garn.

Pa bryd sy i'th gariad, lanc ifanc o'r Wig,
Sy'n rhodio drwy'r felin fel hyn heb ddim cig?
Pryd diles wna nghariad, pryd diles wna hi,
A'i chawl sy'n deneuach nag ewyn blaen lli.

Sut fwyd sy i'th gariad, lanc ifanc o'r Wig,
Sy'n rhodio drwy'r felin fel hyn heb ddim cig?
Rhyw lymru sidanwe sy'n loyw ar lwy,
A'r rhost rhwng ei dwylo o gnau a dim mwy.

A ddigiodd dy gariad, lanc ifanc o'r Wig,
Sy'n rhodio drwy'r felin fel hyn heb ddim cig?
Ei bwyd hi a wywodd y rhos ar fy ngwedd
A'm gadel i'n wynnach na gynau y bedd.

Pam ynteu daw'r gwenau, lanc ifanc o'r Wig,
Sy'n rhodio drwy'r felin fel hyn heb ddim cig?
Fe welodd hi falwen un nos ar fy mwrdd,
A chipiodd fy nghap i a rhedodd i ffwrdd.

Bechod

Ni wyddom beth yw'r ias a luddiai'r bach
  Wrth groesi tua'r felin am ei de,
A gweld y bwrdd o'i flaen fel breuddwyd gwrach,
  Heb faeth na sugn ar ei gyfyl e.
Y Sul rydd arno weithiau, meddent hwy,
  Liain parchusrwydd a chwpanau glas;
Er hyn ni cheid rhwng bawd a bys ddim mwy
  Na chrwst, a briwsion bara sych di-flas.
Dolennaist tithau echdoe'n blyg a phlyg,
  O! falwen anfarwol, fel pechod du,
Ac ymbelennu ger ei blât di-gig.
  Ac fel colomen alltud ffodd o'r tŷ
Gan nodio'i ben ar dduwiau siawns a hap
A gosod arno ei derfynol gap.

Nosywíg

Fachgennyn llwyd, a gofi di
   Helyntion mwyn y felin fach?
'Nid oeddynt hwy yn fwyn i mi
   Na'r bwyd a gefais yno'n iach.
Ni ddaeth i'm rhan un darn o gig,
Na saig erioed yn Nosywíg.'

Cest ddigon, siawns, o farmaléd:
   Ai diwerth hwnnw oll, a'r jam
A ddaeth i'th ran o wledydd Cred,
   A'r bara brith a wnaeth dy fam?
'Maent friwsion mwy ar hyd y tir.
Yn Nosywíg yr hyn sy wir

Yw'r newyn dwys a brofais i –
   Ar ddyddiau haf a nosau'r nych,
A hen dafellau byr eu bri,
   Y bara stêl a'r crystyn sych.
Dyna, er steil dy gerddi di,
Yn Nosywíg a gefais i.'

Lledodd malwoden dros y bwrdd,
   (O! falwen, bechan yw dy foes),
Clyw-wn y bachgen yn rhoi hwrdd
   (O! fachgen bach, mor fyr dy goes);
Ac aeth gan wisgo'i gap bach pig
Heb hoe na saib o Nosywíg.

Pe Bawn i . . .

Pe bawn i yn artist a dim byd i'w ddweud
Mi wn i yn iawn beth fyddwn i'n wneud:

Mi baentiwn i'r felin ym Melin-y-wig
A'r bachgen na welodd rioed damaid o gig

Yn dod am ei swper o'r chwarel yn llon
Heb ddim yn ei aros – ond picyls heb frón.

Mi baentiwn ei wyneb pan wêl o o'i flaen
Ryfeddod o falwen yn gorwedd ar daen

Wrth ymyl ei sglodion. A wyddoch chi be?
Fe'i paentiwn yn ffoi at ei chwaer yn y De,

Â'i het ar ei gorun yn gweiddi yn ddig:
"Wel, stwffiwch eich hen blydi melin – a'ch cig!"

Bachgen Ifanc

Bachgen ifanc oedd, fel ysgerbwd carreg.
Erioed ni chawsai ddarn o gig.
Ganwaith y deisyfai o ei flasu
Yn y felin dros ei geg.

Rhai'n delio mewn blodiau oedd ei dylwyth,
I'w pobi'n dorthau crynion a thwym.
Masnachu bara i neithior ac arwyl,
Cadw teulu dyn yn rhwym.

Daethai hi'r falwen yn ei chragen oesol
Ar draws y bwrdd un Calan Mai.
Yna'r bachgen bychan a'i gwelodd.
Ni bu ei gap yn y gegin mwy.

Dwysach oedd y felin unig,
Gwacach ei gwig oherwydd hyn.
Cadarnach fy nghyfrol denau innau
Erddo fo a'r falwen hon.

Fy Mab

Chwarae am dipyn, wedyn hwylio am de
Doe'n llanc, yn llawen, ac yn gryf dy gred.
Troi'n ôl i'th felin fach a mwynder mam
A chael a choledd dy frechdanau jam –
Dringo i'r bwrdd; datod y caeadau tynn
A roed pan seliwyd yr hen jariau hyn;
Rhoi llwy yng ngwddw dicra'r mwyar du
Neu gyllell hwyrddydd ha drwy'r mafon lu –
Troi dy dafellau noeth, darnau dy dost,
A hwnnw'n gras ei grwst, heb gyfri'r gost.

Ni thorraist hwy i lyfu grefi rioed,
Ond cyfarwyddodd Un ei threm a'i throed,
I dorri ar ddifyrrwch hedd y wig
A diddan oriau gwyn dy fyw di-gig.
A thorrodd rhywbeth oedd yn gyfa o'r blaen
Pan welaist hi, y falwen fawr a'i staen,
Rhwng pedair cwpan chwithig ar y bwrdd,
Yn côstio'n araf fel llong hwyl ar hwrdd.
A hwyliaist ti yn chwim o'r smonach oll
A'th gred di mwyach, fel dy gap, ar goll.

Adre i Dŷ Melin fy Nhad

Bu amser pan ddewisai farmalêd
  Gan roddi heibio pob rhyw sôn am ham,
Yn llanc, yn llawen ac yn gryf ei gred.
  Ond felly yr oedd hi ac ni wyddai pam,
Onid na welid fyth ym mrig yr hwyr
  Rioed ddarn o gig amheuthun ger ei fron.
Yna llwybreiddiodd malwen brin ar ŵyr.
  Duw a'i gwaredo! I ddianc rhag hon
Côstiodd am dipyn, wedyn hwylio ar wib
  Heb un troed oediog megis un-o'i-go –
Fu'n gryf ei gred – o'r golwg dros y grib
  A darnau'i gap ar wasgar hyd y fro.
Wrth ffoi am byth o'i ffwdan ffôl o raid,
Digwyddodd, darfu, megis neiniau'i daid.

Syr R. T. H. Thomas-Parry-Williams-Parry

Malwod y Gerdd

(O'r Saesneg)
(Drwy'r Lladin)
(Ar ôl y Groeg)

Melin a wn ym Melin-y-wig,
Y mae ei holwyn yn malu
Ŷd y gerdd yn flawd gwyn,
A bore a hwyr daw brain
O dir y llan hen i droelli'n hy
Uwch ei phen ar eu hadenydd.
Bûm wrth ei bwrdd
Droeon a gweled ar hwnnw y golud a rannwyd
Yn ei bryd yn ddi-brin:
Torthau haidd, afalau'r cwymp a phomgranadau gras.
Gwacter o wacter er hyn
Oedd y wledd i lanc
Ar ei dyfiant a fynnai, a ddeisyfai fwy
Na briwsion y bara oesol.
A chig ni cheid yn ei chegin chwaith.
Un hwyr dolennodd, cododd o Degid y cof,
Hen falwen o sarff ac oedi o'i flaen yn swrth.
A heb aros diflannodd o heibio i oror Berwyn
Â'i gap yn gam
Ar ei ben i Eden fy awen i fyw.

Mynwent y Felin

Cyrhaeddais i'r felin un noson oer filain
  A'r bachgen yn bwyta ei swper yn flin;
Mor foel a di-gig oedd y plât ar y lliain;
  Ac estron oedd llwon yr iaith ar ei fin.

Gwae fi na bawn yno ynghynt o ddwy eiliaid,
  I weled y falwen dan hudlath y nen,
Y llestri yn deilchion a'r bachgen amddifad
  Yn ffoi am ei fywyd â'i gap am ei ben.

Awdl Foliant i Fab y Felin

Iddo heddiw yn ddiddig – y nydder
  Ei haeddiant deheuig;
Un hyddysg a bonheddig
Yw arwr hoff erwau'r Wig.

Erwau'r Wig! Di-gig, di-gân – fu aelwyd
  Y felin anniddan;
Yntau o hyd ger y tân
Yn unig iawn ei hunan.

Neu ei hunan yn unig – a welid
  O dan ddail y goedwig
Yn cerdded fel colledig
Heb 'run cownt i brynu cig.

Pryner a rhodder iddo – gig dibrin
  Y werin, a'i gario
I'r felin, i'w goginio
Yn wledd o fawl iddo fo.

* * *

O ddydd i ddydd heb ludded
Daliai i falu'n gry ei gred,
Yn dawel yn ei felin,
Gaeaf a haf ymhob hin.
Yn ei gap O! mor hapus
Gweithio'r ŷd er gwaetha'r us.
Rhoi i'r haidd garwa'i haeddiant
O sach i sach a wnâi'r sant.

Rhoi ei einioes, rhoi'i ynni,
A rhoi'i nerth i'n daear ni.
Rhoi'i enaid mawr ei hunan
I drin yr ŷd ar ein rhan.

O roi gorau ei gariad
Drwy ei law i fwydo'r wlad
Ac o'i lafur gloyw hefyd
Y dôi'r bwyd i fordau'r byd.

* * *

Newidiwyd popeth un diwedydd
I fab di-nod y Wig a'i blodiau;
Tawodd drôn olwynion melinydd
A'u suo bach wrth lenwi sachau.

O'r felin yn bererin ara
Y troes efô o wlad ei dadau,
Nos a bore, i geisio bara
Yn ei newyn dan boen ei waeau.

Fe âi'i hunan yn benderfynol
O wlad i wlad i leddfu'i dlodi,
Ac yn fonheddig âi'n feunyddiol
Mewn dagrau i ofyn dim ond grefi.

Mor anniddig heb gig o gegin
Fyth i'w ffroeni, fe âi'r amddifad;
O na fai hwylia'i annwyl felin
A'i thorthau eilwaith wrth ei alwad!

* * *

Mab garai ŷd, mwy heb grwst,
Yn dawedog, dywedwst,
A'i ddwylo noddai olwyn
Anhydrin y felin fwyn.

Yn llawn gwae, yn llawn o gur,
Yn ddwylo llawn o ddolur!
Â thaerni hyllgraith arno
Lledai ofn drwy'i ddillad o.

*   *   *

'N ôl wedyn yn ffaeledig
O Jarrow a Harrow i'r Wig
Y dychwel ef i'w felin,
I dŷ'r blawd o'i grwydro blin.

Ei felin yn adfeilion
A'i haidd a'i sach yn ddi-sôn.
Di-ŷd a di-fywyd oedd
A'i chegin heb ei chigoedd.

Yn afiach lle bu sachau
A'i nos hir yn ymnesáu
Y nychai'n nychlyd drachefn
Ac yn gaeth i'r gegin gefn.

Yn bennoeth gwybu anap
Heb egni i godi'i gap.
Hwnnw ar beg yn segur
A'i liw gwyn edliwia'i gur.

*   *   *

I'r gro, yfory yn ddi-graith, – o'i Wig
    Y dygir ef ymaith
I orwedd o'i lafurwaith
A rhygnu y malu maith.

Mor faith y bu ei deithio – drwy y byd
    A'r boen heb ei lorio
Nes i falwen ddod heno
Yn ddi-au hyd ei fwrdd o.

O'i fwrdd yn ei gap fe â o – o olwg
    Y felin a garo
A phedwar fydd yn cario
Gŵr y Wig i erwau'r gro.

Wrth Fedd y Mab

Yr Ymwelydd:

"Sut oedd na fynnaist, O Wig, – roi i fab
  Ond oer fwyd llysieuig?
Ynot rhoed i'r gŵr unig
De gwael heb damaid o gig."

Y Mab:

"Gwae Melin-y-wig a'i malwen, – ei chig
  A'i chegin sy'n gorffen;
Mi es â'm cap ar fy mhen
Heddiw i edliw ei bwydlen."

Ym Melin Diniweidrwydd

Ym melin diniweidrwydd
  Mae'r nef a'r Wig yn cwrdd;
Mae'r gwin yn y sagrafen,
  Mae'r bara ar y bwrdd.
Ym melin diniweidrwydd
  Mae rhywbeth gwych i de;
Afalau o ardd Eden
  A phomgranadau'r De.

Ym melin diniweidrwydd
  Mae'r llo yn saff a'r oen,
A phorchell nid yw'n poeni
  Beth ddaw rhyw ddydd o'i groen.
Mae'r gwningen yn ddiofid,
  Colomen ar bob brig;
Yr ŵydd a'r twrci'n llawen
  Am nad oes werth ar gig.

Ym melin diniweidrwydd
  Mae'r mab yn dod i'w stad;
Mae'n berchen tafod ystwyth
  I siarad iaith ei dad.
Mae'r lliain fel ar allor,
  Mae rhywbeth od ar droed;
Mae malwen yn ei chragen
  Yn dod i gadw oed.

Ym melin diniweidrwydd
  Mae'r drws ar led y pen;
Mae'r bachgen yn diflannu
  Fel angel gwyn drwy'r nen.
Ym melin diniweidrwydd –
  Gwae, gwae y bachgen mwyn:
Ei orchest fawr derfynol
  Oedd pigo'i gap – a'i drwyn.

Yn Nyddiau'r Falwen

Diolch,
Fod mab wedi ei eni
Yn y felin
Pan oedd y felin yn felin
A'r werin yn werinaidd eirwir
Neu'n eirwir werinol.

Beth petai o wedi disgyn i'r Wig
Yn ein hamser ni
Lle mae pob melin wedi'i hadnewyddu
A'i throi'n babell iypïaidd
A phob stafell uniaith gynnes
Wedi ei throi'n noddfa
I wehilion dinasoedd mawr ein daear?

Petai wedi ei eni
Yn ein hoes ni,
Yn lle eistedd i lawr
At fara sych wrth fwrdd y felin,
Byddai'r bwrdd wedi ei hulio
Â holl ddanteithion daear.

Yn lle bara brith
A'r llymru a'r griwel
Byddai pitsa a sglodion
A seigiau o bysgod a chigoedd
Yn hulio'r byrddau ymhob man.

A byddai'n wahanol iawn arno mewn oes
Lle mae pob Joseff a Mair
Yn Darren a Tracey
Neu hyd yn oed yn yr oes sy ohoni
Yn Darren a Bruce.

Pa wahaniaeth!

Roedd un bachgen bach
Yn credu yn y Wig –
Credu bod malwen
Wedi troi'n gig ac yn gnawd.

A chan herio cnofeydd newyn
Aeth allan fel baban
Â'i gap
Fel coron ddrain am ei ben
I gyhoeddi'r llawenydd i'n byd.

Mewn Mynwent Ddu

Mewn mynwent ddu ym mhen draw'r Wig
   mae bachgen dig yn gorwedd,
gan ddal i wasgu, trwy ryw hap,
   ei gap, rhwng bawd a bysedd –
hen lanc yn ei dragwyddol drig
   heb ddarn o gig i'r diwedd.

Hen lanc a garai fynd a dod
   i ganu clod ei felin,
gan lenwi sachau drwy y dydd
   â blodiau prudd dilychwin,
cyn troi i mewn bob amser te
   am de wrth fwrdd y gegin.

Ni welsai hwn rioed ger ei fron
   na ham na brón na grefi,
na bîff na phorc na ffowlyn drud
   mewn sosban yn mudferwi,
na dim ond bara sych a rhad
   wnâi i Weslead regi.

Ond gwae! un noson oer, ddi-wynt
   daeth ar ei hynt fel arfer
pan welodd yno ar ei ford,
   mor falch â lord dibryder,
falwoden seimllyd heb ei gwadd
   yn gorwadd wrth ei soser.

Ffodd yn ei gap a'i ddirfawr fraw
   i'r Bedol draw heb oedi,
ac yno bu o wrth ei fodd
   yn adrodd baich ei stori
nes trodd y falwen cyn bo hir
   yn neidir enfawr lysti,

a honno'n tyfu'n fwy bob tro
  y deudai o y chwedel.
Sibrydai rhai yn ddwys eu tôn
  fygythion dirgel, tawel,
tra eraill oedd yn fawr eu gwawd
  yn damio'r brawd yn uchel.

O'r diwedd gwaeddodd clamp o Sais
  â'i lais fel injan ddyrnu:
"Rho ddiwedd ar dy stori gron!
  Mae 'mhenglog bron â macsu!"
A gwasgodd gap y bachgen teg
  I mewn i'w geg a'i dagu.

A dyna pam y mae o'n awr
  dan lawr y Wig yn oeri
heb fara mwy i dorri'i ig
  heb sôn am gig neu grefi,
a lle bob nos y treiddia llu
  o falwod du i'w brofi.

Chwi lanciau a llancesi gwyn
  sy'n gwrando hyn o eiria
cofiwch, da chi, eu neges ddig,
  nad cig yw malwen dena,
neu byddwch chithe, trwy ryw hap,
  yn sgwennu crap fel yma.

Clymau

(18.45)

A hithau'n chwarter i saith yn y Wig
dôi'r bachgen fel ganwaith
i'r felin yn ddiobaith
o'i chwilio ofer am waith.

Melin heb ddim ond bara a'i grystyn
i lenwi ei fola,
a'i chegin hi mor wag â
stumogau y Mimosa.

Doedd dim digon i lygoden, heb sôn
am ddiwallu bachgen
mawr ei dyfiant a'i angen
a'i gylla mor wag â'i ben.

Ac wele, yno'n unig ar y bwrdd,
falwoden annhymig
yn ei chaci gyntefig
yn oedi lle ni bu gig.

*   *   *

Bustachu, bolymgreinio'n
araf i'r armagedon.
Ac oedi eto wnâi hon.

Oedi lle'r oedd y llestri
gwynion fel cerrig beddi.
Annynad ei greddfau hi.

Malwen fu 'mhob galanas
o Gatraeth i'r Malfinas.
Malwen Uffern: malwen gas.

* * *

Yntau'r mab yn brasgamu yn ddiflin
dros dwmpathau'r grug a llwyni'r eithin
heibio i'r fuwch a heibio i'r hesbin
trwy dir ei deidiau, hen dir cynefin.
Brysio'n ei drywsus pen-glin, clocsiau'i dad,
i'r oed diymwad wrth fwrdd y felin.

Gelynion er pob cyni.
Gelynion pob trueni.
Gelynion Eden: fo a hi.

Gelynion du er cyn co
ar yr hen fwrdd yn herio.
Brwydr yr oesoedd: hi a fo.

Cwlwm llinglwm o newyn
yn cydio fel bolglymyn
yn dynn am ganol y dyn.

* * *

(18.55)

A hi'n bum munud i saith yn y Wig
ac emynau'r heniaith
ar ei fin i helpu'r daith
dechreua ei anfadwaith.

Y falwen ar fwrdd ei dad fel bwystfil
o Lyfr y Datguddiad
yn aros am awr y gad
dan olau gwelw'r lleuad.

Ac yna gwae, wele'r brawd
yn dangos ei anianawd
a'i chodi rhwng bys a bawd.

Ei rhwygo hi o'i chragen ac yna'i
bidogi â fforcen
cyn ffoi i'r nos yn llawen
efo'i gap gwyrdd ar ei ben.

Tynn ydy'r cwlwm a siŵr
sy'n rhwymo llanc yn filwr.

Glanio

Aeth allan i fôr mawr
y Wig
am ugain munud wedi pedwar
un nos Iau.

Y prynhawn hwnnw
daethai i lan y felin
fel arfer am ei de.

Bwrdd a chadair,
cadair a bwrdd,
yno'n solet fel capstanau haearn
a chyllyll a llwyau'n ymestyn
yn llynges esmwyth
tua gorwel y jar jam.

Ar lanw'r lliain,
yma ac acw
ynysoedd bach crynion,
cwpanau a soseri a phlatiau,
ac arnynt
dafelli o fara haidd a bara brown
a menyn yn llifeirio drostynt
o hen oes fu,
ac mewn cwpanau a jwgiau
llaeth o deth chwith y fuwch gam
neu dun y siop ail-law
yn aros am benllanw'r gwynt,
(ddeuai'n ddi-os wedi'r wledd)
a broc môr y bara brith
yn cyffio yn heulwen ei wên.

Glanio'r pnawn hwnnw
a gweld yno
yng nghanol yr eigion
falwoden yn nofio'n araf ddisymud
mor fygythiol
â'r llun hwnnw o'r twrch trwyth
yn y sgŵl rŵm
y dydd yr aeth am Gernyw.

Cydiodd yntau yn ei gap
a ffwrdd ag ef
ffwl-stîm ahed ar fôr tymhestlog
i'r ynys agosa
lle'r eisteddai pererinion
yn ir ar lan afonydd dyfroedd byw.

Ynys

Isod mae gwerdd ynysig
Yng nghalon eigion y Wig.
Ynys ddi-swnd, ddidonnau
Na ddaeth mwy nag un neu ddau
Iddi erioed i oedi
Yn ei llain didraethell hi.

A goleudy gloyw ydoedd
Hi fin nos, a hafan oedd.
Hafan a noddfa hefyd
I bawb o deithwyr y byd.
Lle i enaid gael lluniaeth
'Rôl taith bell, er gwell, er gwaeth.

Un nos Sul i'r ynys hon
Gwelwyd un bach digalon,
Byr ei goes a byr ei gam
A chyffredin o ddinam,
Yn dod yn araf i dir,
O'r wendon dros ei chrindir.

Oherwydd na fu'n pori
Ei thir âr, a'i llethrau hi,
Ddafad nac un creadur,
Ni cheid ond gofid a chur
Yn yr ynys orunig
I'r sawl fynnai, garai gig.

Bywyd gwag yw byw di-gig.
Byw o alar trybeilig.
Yr oriau'n hir gan hiraeth,
A gwanc y newyn a gwaeth,
A'i nosau oll yn ddi-sêr,
A simsan megis amser.

Llawn o eisiau yr ieuanc
Yw byd llwm bywyd y llanc!
Mae blys iach i'w ymbil syn,
Anorfod am bysgodyn,
Ac eisiau, eisiau ysig,
Yn ei geg am ddarn o gig.

Ac wele, neithiwr gwelwyd
Hen falwen ddu lle bu bwyd.
Hen falwoden y gwenyg
Hyd y bwrdd mewn amdo byg.
Malwen eang ddiangor
O wrymiau hallt tonnau'r môr.

O ddyddiau ei ddioddef
Yn ddwys yr ymsythodd ef.
Wedyn, ymaith fe redodd
O fwrdd y felin o'i fodd
I ieuangoed ehangach –
Pwy a ŵyr? – yn ei gap bach.

Portread o Fachgen Bychan na Welodd Ddarn o Gig

Erioed, Ni alla-i ddeall erioed.
Gallwn ddirnad diwrnod, a hyd yn oed
Penwythnos: byddai cyfnod o'r fath
Yn rhoi rhyw flas llysieuig i'r gydwybod
Ac yn arwydd o'r parch ysbeidiol a roddir
I'r byw o dro i dro. Ond erioed! Dydd ar ôl dydd.
Dwsinau di-gig a di-gnoi eu gwneuthuriad,
Yn dirwyn yn ôl ar lanw tragwyddoldeb
I'r diamser diasgwrn hwnnw oedd yn bod –
Yn bod erioed. Mae meddwl felly am wacter,
Y labrinth hwnnw, yn arwydd i mi
O'r gwacter oedd tu ôl i aeliau'r bachgen
Wrth iddo lordian yn ei sgidiau môr
I'r felin am ei de undonog anghyffredin,
A chwmni ei fogail gyfrinach swil.
Ond beth ddigwyddodd neithiwr? Ymhlith y llestri gleision
Fel neidr ddaeth i fynwent, O! ddychryn,
Dros draethell sidan a thryloyw iawn
Y lliain gwelwyd malwen drwsgl
Yn dangos sglein ei slefr ac yn oedi
Ymysg y platiau, cwpanau, soseri. Malwen.
Roedd yna siantio, roedd yna ymgrymu,
Roedd yna ddiolch taer a gweddi fwyn.
Yna, waltsiodd allan â chanu arno
I'r berlewygus noson
Lle taflwyd ei gap at y lleuad
Am fod y tywyllwch – fel erioed – yn glir
Iddo fo.

Darluniau ar Liain

Mae dau ohono yno
Ym melinau fioled y cof.

Mae un ar ei gwrcwd,
Fel corrach bach Velázquez
Yn ei ddillad gwaith llwyd
A chraith las y glo du hyd ei wyneb gwyn,
Yn syllu ar y bwrdd hirsgwar brown
A'r llestri gleision
A'i lygaid lliw almon yn gofyn, gofyn
Am olwythion tenau o gig eidion coch
O Ben y Clogau neu Frynypedol
Neu gnawd yr ŵyn gwyn
A fu'n prancio'n wanwynol wyrdd ar Dro'r Gwcw
A thu draw yn nhir indigo'r gorwel.

Mae'r llall yn ei goler gron
A'i bin mewn papur got
Yn ffoi am ei fywyd
Fel pregeth fer
Drwy dirlun Dalïaidd y wig,
O satwrnalia'r felin –
Lle mae malwen ungorn yn wincio arno
O ganol diffeithwch y lliain –
A'i gap deuliw ar ei ben
Yn ôl i dawelwch coch un o byllau Gwenallt
Neu i gynnwrf bocs paent Llangywair y gân.

O, oes,
Mae'n rhaid cael dau ohono yno wastad
Ym melinau fioled y cof.
Neu ni allwn orffen
Fy ngherdd yn
Dwt ac yn gymen
Yn ôl fy arfer

Trwy ailadrodd y dechrau.

Cywydd i Ofyn Benthyg Malwen

Annwyl Llew,
  Fy nghyfaill llon,
O waelod dyfna 'nghalon,
Weithian anfonaf lythyr
Bach atat. Epistol byr
I ofyn, Llew, am ffafar,
Na, nid 'hwaden wen neu iâr,
Na darn o ham, na samwn,
Yw'r rhodd fynnaf i'r tro hwn!
Na, hoffwn falwen gennyd –
Un dew a braisg, du o bryd.

Heddiw fe ges i freuddwyd.
Hunlle oedd! Roedd Alan Llwyd
Di-swil a digywilydd
Hyd ein bro'n rhagrithio'n rhydd
Fod ganddo fo falwen fawr!
Un anferth, Llew! Un enfawr!
Un hir, hir fel neidr oedd!
Un llydan, T. Llew, ydoedd!
Un ystwyth, heini, lysti,
A wnâi naw o'm malwen i!

Melltithiais a diawliais, do,
Cans mae cenfigen heno
O gwae fi, yn pigo f'ais.
Yna, gyfaill, fe gofiais
Fod malwod mawr eu moliant
O hyd ar ôl yn Nôl-nant.
Oni welais i falwod
Hyd y wal yn mynd a dod?
Malwod o hil y Cilie
Yn heidio, Llew, hyd y lle!
Malwod llwyd, fel llygod, Llew,
Rhai slefrllyd, gludiog, dudew.

Mae'r fost yn fy mrifo i.
Felly, Llew, i ddistewi
Brolio'r enllibiwr Alan –
A gwell, i ddistewi'i gân –
O anfon falwen heno
Ar frys, ar hyd llwybrau'r fro.

Cawr o falwen gynhenid,
Un o fri, malwen o frîd.
Un dew, *hell's-bells*, fel selsig,
Hir ei chorn a phêr ei chig.
Llyfn fel tethau llyffant, Llew,
Un dendar ond un dindew.
Mor dindew, Llew, ar fy llw,
Nes codi gwrid ar widw!

O roi heno un o'r rhain,
Llew, i'w edliw o o'r lliain,
Fe âi o am ei fywyd
A'i awen mwy'n grimp a mud!
Ond âi o, fy mhrifardd doeth,
Rhag malwen, mas yn bennoeth.
Cans ni luniwyd het eto,
Nef a ŵyr, i'w ffitio fo!

A Llew, cofia, gyda llaw,
Ei hestyn imi'n ddistaw
A'i chyfeirio hi'n ddinam
Nid i mi ond i dŷ mam,
Oherwydd rwyf yn aros
Yno, jiawch!

R. Lewis Jôs.

Arwr

Mae'n od, 'sdi,
ond ma'r mab cw'n uffan o arwr gen i,
er mai bardd ydy o
o bopeth.

Bocsiwr roeddwn i am iddo fod,
er nad oedd o fawr trymach
ar 'i dryma
na 'Hunlle Arthur' a'r 'Casgliad Cyflawn Cyntaf'
sydd ganddo'n dal bwrdd y gegin
i fyny.

Dyna pam y priodes i y wraig, i ti gael gwybod,
oherwydd aeth ei mam hi'n ôl y sôn,
dair rownd a mwy,
ar y prom yn Rhyl
efo Jimmy Wilde
ac roedd mysyls fel Maic Taison
gan y misys ei hun yr amser hynny.

Cofia, mi oedd tipyn o fai arni hi
efo'i sôn diddiwedd am weinidog Bethel
gan roi'i lun mewn ffrâm ar gornal y ddresal,
ac yna'n mynd ati i dorri'r llunia rheini
o weinidogion Batus iddo fo
a'u gludo nhw wedyn fel cardiau sigaréts
mewn albwm melyn,
a'i roi o dan ei glustog
pan oedd o'n prifio tua'r deg ar hugan oed 'ma.
Er hyn mae'i fam a fi o'r farn
mai ar ôl Mair Elin, chwaer y wraig,
y mae o'n tynnu, 'sdi.

Llysieuwr o wraig oedd honno
ac efo hi yng Nghongo ddeiliog Melin-y-wig
y bydda'n stwffio'i ben bob haf
efo coconyts a bananas a ballu,
a'r ddau yn haldiwario'r haf
ar bendil rhaff
          – hi Tarzan,
fo Jên.

Ac mi ddo'th o adre un ha, 'sdi,
â rhyw wên odiach nag arfer ar 'i wynab;
ei gap fel coron ar 'i ben
ac yn mwmial am ryw brofiad od
a gafodd yno
efo hi
ar fwrdd y gegin.

Rhwbath am falwan
ne' rwbath,
'nôl fel roedd o'n rhwdlian.

Ond dyna fo,
dw i ddim yn 'i ddallt o o gwbwl, 'sdi,
achos mae o'n uffan o fardd,
medda fo wrtha i.

Er mi faswn i'n hoffi
'tasa fo'n tynnu'r olwg wirion na oddi ar 'i wynab
a'r peth gwirionach 'na oddi ar 'i ben
rwan ac yn man –

coron wir!

Rasio Heibio

Mae'r gwaed yn goch ym Melin-y-wig
A'r bachgen bychan na welodd erioed
Damaid o gig
Fel brechdan jam
Ar hyd y tarmacadam.

Daethai fel arfer tan gronglwyd
Y felin am ei fwyd –
Tafelli petryal
O fenyn a theisennau gorgrynion amryfal,
Ac ynddyn nhw ddigonedd o fitaminau
A phethau eraill yn llawn 'au'
Iachusol
A llesol,
Yn enwedig i un sy'n hoffi odli
Wrth farddoni.

Er hyn nid oedd ynddo heddiw;
Fwy na doe o'i flaen, stiw
Neu friwgig i dorri ar yr undonedd
Y wledd ac i dynnu dŵr o'r dannedd.

Wrth iddo groesi at y bwrdd yr oedd hi
Yn digwydd tynnu at chwarter wedi tri
Er nad oes a wnelo'r amser fawr oll
Â'r trychineb a'r archoll
Waedlyd oedd ar fin
Siglo i'w sail y felin.
Dim – ond ei fod yn rhoi cyfle
Arall i mi gael mwy o linelle
Ac i ddangos fy ngofal chwedlonol
I fod yn fanwl ac ar yr un pryd yn farddonol
Wyddonol.

Sut bynnag ar yr awr annhyngedfennol honno wele,
Ar ganol y bwrdd ymhlith y llestri te,
Serpens minore hortensis ddiniwed
Yn oedi â'i deucorn ar led.

Ond cyn iddo gael cyfle
I afael yn ei gap, drachefn, wele,
Yr oeddwn i yn fy nghar newydd, sgleiniog
Wrthi'n ffoi am fy mywyd o galedi Stiniog,
– A phwy all fy meio? – am hedd
A rhododendrons Penrhosgarnedd.
Yn rasio
Heibio
Ac yn dangos yno ar gwr y wig
Ddiffyg gofal hynod o anartistig
Gan fynd yn syth trwy wal ddiadlam
Y felin, a gadael y bachgen yn frechdan jam,
Fel y cofiwch,
Ymhlith y cerrig mân a'r llwch.

'Waeth heb bod yn flin!
Amddifad bellach yw'r felin,
A'n bachgen bychan truan
Yn ddim ond testun cân.

Ac ni all hyd yn oed fy ngherddi i,
A sigl poblogaidd fy odlau di-ri,
Na holl gyfoeth fy awen
Roi'i gap yn ôl ar ei ben.

Pysgodwen

Gwae!

    O gwr
gwag
y Wig
werdd
a'i hedd gwyllt
i gegin gefn
y felin goed
daw'r gwas
deg oed
ag awch
    i gael
ei gaws
a'i gawl
    di-gig.

Och –
ac och
saith gwaeth –
gwêl
heb ei gwadd
gylch gwyrdd
hen falwen gas
yn goeg i gyd
a'i gwg
a'i her
yn gyrru
    gwae
ac ing
    yn gynt
na gwynt
y gaea ei hun

drwy'i gefn
    gwan.

Ac yna
ag un
naid gam
a gwib
    i gael
      ei gap
        pig

        aeth . . .

Malwodon

Y tu allan i ddistiau cryf waliau'r felin
Mae tir cyntefig y Wig yn gwgu
A bygwth bugail a phraidd ei ffriddoedd,
Oherwydd yn ei herwau diolau, dwfn
Mae bwystfilod y nos gynoesol yn cysgodi
A'u rhu sy'n deffro'r Bannau Duon.

O'i mewn mae un â'i wedd a'i wên
Yr un ffunud â thad Siôn Onwy hoff ei hunan;
A hwnnw a drodd y Wig yma drwy'i ddawn
Yn ardd o fawl erddo Fo
Am iddo roi iddo awen yn rhodd,
A llygaid i weled rhyfeddod gwaelod y gors.

Ni welodd, er hyn, yn y felin,
Erioed ar y ford arw fach
Na chyw iâr, na chig un gwningen wen wiw,
Ddaliwyd yn rhwydi Dan hyd y Wig, na dim
Fore a hwyr ond tafell o fara haidd
Yn blyg ar ei blât
A llaeth swil o dethau Fronwilym.

Mae hi'n nos mwy yn y Wig!
Oherwydd ddoe fe welodd ar fwrdd, falwen
Fwy nag ef ei hun,
Wedi dod i oedi
Yno o'i flaen ac fel un o'i go, â'i gap
Ar ei ben, a'i awen yn ei ddwrn rhoes un naid
A ffoi i ffwrdd yn ddiogel o'r felin
I byncio'n sionc a hael
Ar heddwch Banc Hen Siôn Cwilt
Ac i sefydlu hil ac epil newydd y gân
Ar weiriau tila a garw Talgarreg.

Hen Ddawns

)Melin a malwen.

[Gwas
â'i gap
{O bowdrau aur y byd
yn tanbeidio ar ei ben.}](

Nodyn

Gellir darllen y gerdd fer, seml a chromfachog hon fel rhagair cryno i'r gerdd fach symlach ddilynol neu fel ôl-nodiad llai i'r gerdd flaenorol fwy llai fyth. Ond gan na chynhwysywyd y cerddi bach hynny yn y gyfrol hon rhaid ei hystyried ar ei phen ei hun fel cyfanwaith mawr ac annibynnol. Ymgais ydyw'r gerdd, mewn gwirionedd, yn null gromfachol y bardd Okiwaki M'ngbou-bw o Iwganda.

Mae'r ail ran, yn enwedig, yn feichiog o awgrymusedd. Nid oes angen bod yn hyddysg yn yr Ysgrythurau i weled cynodiadau ysbrydol y gair 'gwas' sy'n sefyll megis yn wrthodedig ar ei ben ei hun yn llwyr yn yr ail linell. Da y gwnawn, fodd bynnag, i'n hatgoffa ein hunain o'r ddelwedd ysgrythurol arall honno a geir yn yr adnod, sef 'Da was, da a ffyddlon; ti a redaist yr yrfa, ti a gedwaist y ffydd'. Oherwydd fe redodd y gwas hwn yrfa hefyd. Ymhell o'r felin. Ac ymhell o'r falwen.

Er pwysiced y gair hwnnw i'r gân, yn enwedig o safbwynt cynnal y gynghanedd, y gair nesaf, 'gap', ydy ffwlcrwm y gerdd. Unwaith eto mae'n ddelwedd sy'n drymlwythog o awgrymusedd. Ar un lefel fe ellid ei ddeall fel benthyciad Parry-Williamsaidd o'r Saesneg 'gap' a byddai hyn yn ei dro wedyn yn awgrymu'n gynnil y *bwlch* cynyddol sy'n prysur ddatblygu gyda phob cam rhwng y gwas ar y naill law a'r felin/falwen ar y llall. Ar lefel uwch gellir deall y gair fel ymgais gynilach i fynegi yn y Gymraeg *agape* y Groegiaid. Credaf mai teg fyddai nodi nad ydy hi'n bosib derbyn awgrym Mr Alan Llwyd bod cyfeiriad cudd yma at *agapornis*, sef math o barotiaid gwyrdd (*order Psittaciformes*) er bod y math hwn yn cynnwys yr aderyn a adwaenir yn gyffredin fel 'deryn cariad'. Er cyfoethoced yr awgrym hwn rhaid ei wrthod oherwydd prinder yr adar egsotig hyn bellach yn y Ponciau.

Ac efallai mai yno, yn y Ponciau, ymhlith y coliars clên, y mae'r allwedd i'r ddelwedd hon. Oherwydd nid ydyw mewn gwirionedd ond ffurf dreigledig ar y math o benwisg a wisgai'r coliars ar eu ffordd i'r pwll ac yn ôl. Sylwer mai ar eu ffordd i'r pwll ac yn ôl a ddywedir oherwydd yn y pwll ei hunan, hynny ydy i lawr yn nyfnderoedd duon y Fall, yn ôl a ddeallaf, beth bynnag, byddent yn arfer gwisgo penwisg gadarnach i amddiffyn eu penglogau pan fyddai'r ddaear uwch eu pennau yn siglo a dymchwel. Fe welir ar unwaith fod y dehongliad hwn yn clymu'n uniongyrchol gyda gair ola'r gerdd, 'ben', a bod hwn yn cael ei gyfoethogi'n ddwysach gan y ffaith fod y glowyr hefyd yn amlach na pheidio'n gwisgo sgarff o wlân neu wlanen fel *accessory* i'r 'cap' a bod y sgarff hwnnw'n cael ei glymu gyda'r hyn y byddem ni, giang Bryn yr Ywen, yn ei alw'n 'gwlwm coliar' a bod y cwlwm hwnnw'n ein clymu ni, fwynhawyr y gerdd, rywfodd gyda'r coliars hynny.

Yn baradocsaidd felly mae'r ddelwedd hon yn clymu'r gân hon yn dynnach fyth wrth gymdeithas y coliars na'r het *fourgoise* honno a roes I. D. Hooson ar *ben* ei 'Fwgan Brain'.

Unwaith eto mae'r gair 'bowdrau' yn llawn awgrymusedd. Gellir ei gymryd naill ai fel y powdwr a welir ar adenydd glöynnod byw neu ar waliau wedi i'r byterfflais aros ar y wal dros y gaeaf. Ond yr hyn sydd yma, mewn gwirionedd, ydyw'r powdrau gwyn hynny a gymysgir gyda dŵr i gael gwared ar gamdreuliad a achosir gan ormod o stwnsh. Neu bonsh i ddefnyddio'n gair ni yn y Ponciau.

Unwaith y deëllir nad cyfeiriad cynnil, cynnil at yr hen ddywediad 'A fo ben bid bont' ydyw'r gair olaf – does dim pont yn y Ponciau – daw'r ergyd mor glir â'r wawr ar Din Wrygon. Cyfeiriad ydyw, wrth gwrs, at Ben, ci T. W. Jones y cyn-Aelod Seneddol, a arferai grwydro'r ardal yn nyddiau fy ieuenctid ac wedyn. Gan i'w feistr yn ddiweddarach gael ei ddyrchafael yn Arglwydd Maelor daw dau beth arall yn amlwg. Yn gyntaf gellir cysylltu'r Arglwydd gyda 'gwas' y pennill a hynny *in absentis* wrth reswm. Ac yn bwysicach fyth o safbwynt crefft, gellir cysylltu'r 'Maelor' – eto *in absentis* fel petai – yn gynganeddol efo gosodiad agoriadol y gân gan ffurfio felly llinell o gynghanedd groes o gyswllt gytbwys ddiacen hynod o gyfoethog a hynny yn y *meddwl* yn unig. Hyd y gwyddys, nid ydyw Alan Llwyd ei hun wedi meddwl am enw ar y math hwn o gynghanedd hyd yma. Ond brysied y dydd.

Gobeithio bod yr eglurhad byr hwn yn ei gwneud hi'n amlwg, felly, pan ystyrir y gerdd seml hon yn annibynnol – ac fel undod cyflawn ar ei phen ei hun – mai teyrnged ydyw i'r Bobi Jones *ifanc ifanc*.

Fodd bynnag, fe erys un o ddirgeledigaethau mwyaf cyfrin y gerdd eto ynghudd. Fe nodwyd droeon mai cerdd seml *gromfachog* ydyw hi. Ac mae i'r cromfachau hyn lawer o awgrymusedd ac arwyddocâd barddonol a gweledol. Oherwydd mae'r gair 'cromfachau' yn cynnwys, nid yn unig y gair 'bach' sy'n golygu bychan, sef rhywbeth croes i 'mawr' a hefyd y gair 'bach' yn yr ystyr o rywbeth i grogi rhywbeth arno. Megis cap!!!

Neu, wrth gwrs, os dewisir, gellir derbyn eglurhad mwy treiddgar y diweddar Athro Bedwyr Lewis Jones a'i chwibanu hi'n ddistaw ar yr hen alaw 'Y Milgi Main'.

Cywilydd

Ar fwrdd, fan hyn,
Welodd Llywelyn
Rioed gig fan hyn.

Y llwy hon a'r cyllyll hyn
Welodd Llywelyn.
Llowciodd o'r llestri hyn.

Wylodd, wylodd Llywelyn
Afon waed o weld fan hyn
Hen falwen fel hyn.

Uchod bu'i gap ar fachyn.
Yn ei ofn aeth o'r fan hyn
Â'i feiro'n feuryn.

Malwoden Aur

Bybl o beth,
fel bowlen bysgod,
o jymbl Seion,

ac ynddo
wig
a melin

a mil
o gonffeti mân,
o'i dapio

yn lluwchio
drosti
drwyddi'n gawod

fel atgofion
yn sbodlian
o drawstiau neithiwr.

Gwanwyn
haf
a chynhaeaf

roedd hi'n aeaf yno
yn y felin,
yn y bybl,

i'r bachgen
a safai mor stond
yn nrws y tŷ.

Wrth i mi sychu'r gwydr
i weld yn well
diflanna

bob tro
dan gawod arall
o'm hatgofion gwyn

ac ni allaf
ond dyfalu –
yn ôl fy arfer –

mai oherwydd iddo weld
drychiolaeth
fel malwen

ar fwrdd y felin
a fu mor ddi-gig erioed
â phulpud Seion

y saif fel hyn
â'i gap ar ei ben
fel deilen riwbob

heb allu ffoi
er bod tân wrth ei gynffon
o fybl fy nychymyg crwn.

Melwyn

Bwyta, bwyta heb atal – a wnâi hwn
 Yn y Wig anwadal;
Byw ar lymru a grual,
A dim mwy, dim ond blawd mâl.

Un noson heb betruso, – 'n derfynol
 I ganol ei ginio,
Malwen feiddgar, ddidaro
Fwriodd ofn hyd ei fwrdd o.

Yn y Wig, unig honno – o roi'r gŵr
 A'i gap yn yr amdo;
Fe ddaw hen falwen heno
At ei fedd i'w fwyta fo.

Malwoden Fach Mewn Llaw

'I'm Johnnie, dearie!'
meddai yn dod i rannu'r felin â mi,
'I'm coming home to dine!'
A gofyn wnaeth
beth oedd i swper.

Finnau'n gorfod chwilota'n gelfydd
am farddonol eiriau,
i guddio'r ffaith bod rhewgell fy mhantri
mor wag â phrofiadgell fy awen.

Cynfasau sidanaidd y las letys
wedi eu gosod yn gelfydd
ar wely'r platiau;
peisiau y bresych crychiog
yn pîpian yn ddiniwed ofalus
rhwng camisoliau gwyrddion o ferw'r dŵr;
sgertiau o domatos coch tywyll,
nid rhai bîff, wrth gwrs,
yn un annarbodusedd dwys;
puprau melyn a gwyrdd
wedi eu taflu'n ysgyfala ddiofal
fel bronglymau bron
dros soffa'r gyfeddach;
a diferion o olew'r olewydd
wedi eu taenellu
yn ddeniadol fym-roletaidd
dros geseiliau'r cyfan.

Minnau'n gwylio'r cyw,
ac yn tafod ddyheu
am ei gymryd fel aderyn bach mewn llaw,
gwelodd falwoden dduliwus,

un o'r rhai duon du-du,
llipa fel 'nhad-cu
cyn iddo awchlamu'n arteithus i dwba'r aelwyd,
yn loetran ar y bwrdd.

Gwelais o'n sgriwio ei gap
yn awgrymog rywiol
cyn ei Belffastio hi
fel dynes gomon am Greenham
a'm gadael i yno
mor dawel â mintys dydd Sul
mewn poced blaenor.

'Felly gwranda di yma'r bachgen bach,
os gofyn wnei di eto
beth sydd i swper,
mi fyddi di yn bendant
yn gneud dy fwyd dy hun.'

Baled Dan Dylanwad

Ym Melin-y-wig lle doedd dim cig
  Roedd prydydd llwyd un waith
A'i freuddwyd rioed oedd rhoi ei droed
  Hyd lwybrau pell y paith.

Byddai'n sôn a sôn am dref Twm Stôn,
  Am Wyatt a Wild Bill,
Ac am hai-nŵn mewn hen salŵn,
  A hoelion wyth Bŵt Hill.

A'i arwyr o oedd Pecos Jo,
  A Jesse James a'i griw
Ac roedd Ded Ai Dic a'i saethu slic
  Yn fath o blwmin duw.

Ond o'r rheini 'gyd, o ddyddiau'r crud,
  Ei eilun, medden nhw,
Oedd diawl di-foes â llygaid croes
  O'r enw Dan Carŵ!

Roedd sgwyddau Dan fel hen bont Llan,
  A'i freichiau fel dwy ordd!
Doedd dim angen gwn na dim ar hwn
  I glirio pawb o'i ffordd.

Roedd o yn ryff, roedd o yn tyff,
  Roedd o fel grisli blin,
Ac roedd Sioux a Cree a Cherokee
  Yn ofni Dan trwy'u tin.

Ac felly tan ddylanwad Dan
  Fe groesodd hwn y lli
I fyw dros dro yn wyllt fel fo
  Ar drêl ei ffantasî.

I dorri'i flys fe brynodd grys
A belt o leder cain,
Ond yn lle gwn fe ddododd hwn
Ddwy bensil yn y wain.

Fe brynodd fwyd a het fawr lwyd,
A chlamp o bastard mul,
A ffwrdd â'r ddau, yn llon a chlau,
Hyd Drêl y Pinwydd Cul.

Wel, am ryw hyd bu'n haf o hyd,
Ac yntau'n iodlo'n ffri –
"Mae'n llaeth a mêl ar yr Iwcon Trêl
I lanc o fardd fel fi!"

Roedd hi'n braf bob nos, dan wybren dlos,
I gysgu ger y tân
Ond 'rôl mis neu ddau roedd ei din fel iau
A newid ddaeth i'w gân.

Roedd y trêl yn flin, a'r bwyd yn brin
A llwgai'n ôl pob sôn
Ond un nos Sul daeth y pastard mul
Â fo i dref Twm Stôn.

Dringodd i lawr o'r bwystfil mawr
Ac aeth heb be na bw
I mewn trwy ddrws y *Swinging Noose*
Lle saethwyd Dan Carŵ.

Sychodd ei war, rhoi'i het ar y bar,
A dweud â'i lais fel iâ:
"Potelaid oer o lewyrch lloer
A phlatied mawr o ffa!"

Pwy ddaeth drachefn, o'r gegin gefn,
Â'i botel fawr a'i ffa
Ond Ten Galyn Jên, rêl dynes glên
Yn gwisgo stês a bra.

"Hylo big boi!" meddai hi'n jyhoi
Ac eistedd ar ei seld,
"He', be 'di hwn, oes gen ti wn
Ne' wyt ti'n falch o ngweld?"

Roedd Jên yn swel, roedd Jên yn – wel –
A'i chorff fel breuddwyd lefn,
Ac meddai hi, "Tyrd efo fi,
I gefn y stafell gefn!"

Meddyliodd yn ddwys, do'n ddwys ddwys ddwys,
Cyn sibrwd, "No wê, wa'!
Na gneud ipî, mae'n well gen i
Gael platied mawr o ffa."

Heb gyfri dwy aeth am ei lwy
Ac yna stopio'n stond,
Ac meddai'r gwalch, yn wyn fel calch:
"Wel, I'll be darn doggon'd!"

Roedd achos ei fraw i'w weld gerllaw –
Hen glamp o falwen flin,
Yn agor ei cheg yn ara deg
A ratyl yn ei thin.

Â'i fawd a'i fys daliodd hi'n ddi-frys
A'i lladd hi yn y fan,
Cyn troi'n ddi-hid at ei ffa a'i ffîd –
Yn union fel gwnâi Dan.

Roedd pawb i gyd o barch yn fud,
O'i weld o'n llowcio'n gynt
Gan glirio'i blât â'i wên fel giât
Heb unwaith dorri gwynt.

Yna bwm! bwm! bwm! roedd ei bensil blwm
Yn tanio yn ddi-daw,
A chyn pen dim roedd cân fach chwim
I'w gweled yn ei law.

Rhoes ei bensil fain yn ôl i'r wain,
A'i het yn ôl yn saff,
Cyn troi i'r nos lle'r oedd lleuad dlos
Fel dolen wen ar raff

Â gwên fach gul, dadfachodd ei ful,
A neidio ar ei gefn
Gan ddweud, "Adios! Dw i'n mynd heb os
I Gymru'n ôl drachefn!"

Cans yn ddi-oed daeth at ei goed
A hwyliodd dros y lli,
Yn braffach gŵr, yn gallach gŵr –
Yn ôl rhyw ddau neu dri.

Ond yn Nhŵm Stôn, maen nhw'n dal i sôn
Am ŵr y stetson llwyd
Na welsai gig o Felin-y-wig,
A'r falwen yn ei fwyd.

Trwy fy Het

Once long, long ago a callow, poetic youth,
Nice though Roman-nosed, whey faced and pasty,
Denied any dinner of fish or of fowl,
Dwelt all his salad days,
As a noble savage vegan,
Mateless and meatless in Hairpiece Mill.
(I was told by a tight Welsh tart –
A real farm, grovelly girl from Gwerful Goch,
Gay as they come and goose thigh cool, –
That she'd heard that was the word for Melin-y-wig).

Nearby a bubbly burn
Babbled and dallied aslant a silent willow
Around the sylvan spot where stood his cottage
And yews grew, and ewes grazed.
While lambs in spring leapt
To perform their annual ballet.

It was bliss for a gutsy boy who loved
The open space, the solace of the sheep,
To work and toil
The stony fields of his tiny farm,
And as he worked he sang,
On and on, from dawn to dusk,
One tune at a time,
His sad, sweet, civilised songs
About his dead departed dog.

Yet he alas, poor dab, this mateless shepherd oik,
Verily a herbivore alien,
From the field as he wheeled, alone, weary-willied along,
Knew not what it was, I ween,

To be met by a maid –
A maid who made him a meal
Of meat, meet for a man:
A pork piece, a leg of lamb
A breast of chubby rooster,
Or, joy of juicy joys,
To one in his teens,
Maybe a sausage, jumbo-sized,
Browned and round like a widow's dream.

Never once in orgiastic reverie
Had he died as he fee-fo-fied the fumes
Of a pot full of piping-hot, pot-pie.
("'Pot-pie' is *pastai grochon*, honey!"
Tongued another tart
I knew, game for a game in Gwerful Goch.)

But nightly he solemnly sat
In his meatless void and toyed with his tea,
And sighed as he ate
His bitter, bitter peanut butties,
Until late on, one twilit eve,
Lo, he beheld, on his table boards
A horribly wiggly worm.
Eel-like, and limp like a noodle white,
It lay half-hid amid the midden
Of his lettuce leaves.

The lad took one look and with a leap,
He was away, up the Toupee Towpath.
"Now, that's the real name!" said the third game girl –
A tart with a heart and old Welsh hwyl.
But boy, Oh boy! was she laid back?
A real grand slam, a Madam from Eden!

Why now, even now, my nervy knees
Still tremble and clink as I think of her thighs,
And the smell – and the taste – of her Betws Bordello.)

And that, as they say, was that. Though
As he careered and disappeared at speed,
I swear, up his own backside,
That he, the t***, had my hat on his head.

Fel Hyn y Mae Hi – 4

I Gymro Dewr y Syr Galahad

Am swp o gachu gwylan
  Y ffriwyd hwn fel ŵy,
Pan oedd ei wlad ei hunan
  O dan fygythiad mwy.

Beddargraff Cybydd

O dan y garreg ail-law hon
Y rhoed y cybydd, Gruffydd John.
A dyna pam – i arbed pres –
Mae'n dweud 'eR cof am bEssie Grace'.

Beddargraff Cymysg

Mab y mynydd hoyw, hoyw,
  Wedi rhoi ei olaf dro;
Caru'i fam mewn cwr o fynydd
  Hei ho! Hei di ho!

Gofuned Wynne Ellis

Ar gyfer mordaith bywyd
   Ni fynnwn ar fy llong,
Ond cerddi gorau Menna,
   A holl waith Patience Strong.